Simone Gutacker

Gesammelte Predigten Band II

Simone Gutacker

Gesammelte Predigten Band II

Estomihi bis Kantate

Fromm Verlag

Impressum / Imprint
Bibliografische Information der Deutschen Nationalbibliothek: Die Deutsche Nationalbibliothek verzeichnet diese Publikation in der Deutschen Nationalbibliografie; detaillierte bibliografische Daten sind im Internet über http://dnb.d-nb.de abrufbar.

Bibliographic information published by the Deutsche Nationalbibliothek: The Deutsche Nationalbibliothek lists this publication in the Deutsche Nationalbibliografie; detailed bibliographic data are available in the Internet at http://dnb.d-nb.de.

Verlag / Publisher:
Fromm Verlag
ist ein Imprint der / is a trademark of
OmniScriptum GmbH & Co. KG
Heinrich-Böcking-Str. 6-8, 66121 Saarbrücken, Deutschland / Germany
Email: info@frommverlag.de

Herstellung: siehe letzte Seite /
Printed at: see last page
ISBN: 978-3-8416-0442-2

Inhaltsverzeichnis:

(1)Estomihi[1]:

Exodus 20,12: Du sollst Vater und Mutter ehren

Gnade sei mit uns und Friede von Gott unserm Vater und unserm Herrn Jesus Christus. Amen.

Liebe Gemeinde.

Thema des heutigen Gottesdienstes ist die „Achtung gegenüber dem Alter“ und die „Solidarität mit dem Schwächeren“. Diesem Thema zugrunde liegt eines der Zehn Gebote, ein einzelner biblischer Vers aus dem sogenannten Dekalog. Je nach Untergliederung des Textes aus dem Buch Exodus zählt man es einmal unter das vierte Gebot, so zum Beispiel im Heidelberger Katechismus, ein anderes Mal als das fünfte Gebot, so beispielsweise bei Luther. Immer jedoch handelt es sich um denselben Vers, der im zweiten Buch Mose (Exodus 20,12) folgendermaßen lautet:

Du sollst deinen Vater und deine Mutter ehren, auf dass du lange lebest in dem Lande, das dir der HERR, dein Gott, geben wird.[2]

Ein wenig abgewandelt heißt es dann im fünften Buch Mose (Deuteronomium 5,16):

Du sollst deinen Vater und deine Mutter ehren, wie dir der HERR, dein Gott, geboten hat, auf dass du lange lebest und dir´s wohlergehe in dem Lande, das dir der HERR, dein Gott, geben wird.[3]

---

[1] (26.2.2006)
[2] Lutherbibel, revidierter Text 1984, durchgesehene Ausgabe, © 1999 Deutsche Bibelgesellschaft, Stuttgart.
[3] Lutherbibel, revidierter Text 1984, durchgesehene Ausgabe, © 1999 Deutsche Bibelgesellschaft, Stuttgart.

Dieses kurze Gebot kommt auch meist zu kurz bzw. es geht oftmals unter in der Behandlung der Zehn Gebote als Themeneinheit. Dass dieses Gebot aber alles andere als harmlos oder zu vernachlässigen ist, zeigt sich, wenn man die Konsequenzen der Nichtbeachtung dieses Gebotes in den biblischen Schriften nachzulesen beginnt. So heißt es im Ersten bzw. Alten Testament einmal (Deuteronomium 27,16):

Verflucht sei, wer seinen Vater oder seine Mutter verunehrt! Und alles Volk soll sagen: Amen.[4]

Ein anderes Mal sogar (Exodus 21,17):

Wer Vater oder Mutter flucht, der soll des Todes sterben.[5]

Wer also seinen Vater und seine Mutter ehrt, der soll lange leben in dem Land, das Gott der Herr ihm geben wird, wer das von Gott gegebene Gebot achtet, dem wird es wohl ergehen. Wer hingegen seinen Vater und seine Mutter nicht ehrt bzw. verunehrt, der sei verflucht, wer Vater oder Mutter flucht, der soll des Todes sterben. Die Alternativen stehen also in krassem Gegensatz zueinander: Auf die Ehrung von Vater und Mutter folgen langes Leben und Wohlergehen in einem Land, das Gott der Herr noch geben wird, auf die Verunehrung bzw. auf Fluch von Vater und Mutter folgen Verfluchung und Tod. Worin besteht nun aber das Ehren von Vater und Mutter? Eine uns bekannte Antwort auf diese Frage bietet uns Paulus bzw. der Verfasser des Epheserbriefes, in welchem es heißt (Epheser 6,1-4):

---

[4] Lutherbibel, revidierter Text 1984, durchgesehene Ausgabe, © 1999 Deutsche Bibelgesellschaft, Stuttgart.

[5] Lutherbibel, revidierter Text 1984, durchgesehene Ausgabe, © 1999 Deutsche Bibelgesellschaft, Stuttgart.

Ihr Kinder, seid gehorsam euren Eltern in dem Herrn; denn das ist recht. „Ehre Vater und Mutter“, das ist das erste Gebot, das eine Verheißung hat: „auf dass dir´s wohl gehe und du lange lebest auf Erden“ (5. Mose 5,16). Und ihr Väter, reizt eure Kinder nicht zum Zorn, sondern erzieht sie in der Zucht und Ermahnung des Herrn.[6]

Hier erhalten wir zur Antwort, dass die Ehre für Vater und Mutter darin besteht, den Eltern gehorsam zu sein. Im Gegenzug zum Gehorsam gegenüber den Eltern, wird dem Vater als dem Erziehungsberechtigten auferlegt, seine Kinder nicht zum Zorn zu erziehen, sondern zu Zucht und Ermahnung des Herrn. So sehr die Gegenseitigkeit des Verhaltens von Kindern und Eltern bzw. von Vätern und Kindern einleuchtet, so deutlich hier auch die Verantwortung in der Erziehung hervorgehoben wird, so wenig beantwortet dieser ([pseudo-]paulinische) Auszug aus dem Epheserbrief doch unsere Ausgangsfrage. Hier wird das „Eltern-Ehr-Gebot“ von vornherein adressalisch auf von Vätern zu erziehende Kinder reduziert und somit seiner beabsichtigten Ausrichtung nicht vollständig gerecht. Denn dass es keineswegs ausschließlich an unmündige Kinder adressiert ist, kann uns in den Evangelienschriften deutlich werden. Im Matthäusevangelium spricht Jesus (Matthäus 15,4-6):

Denn Gott hat geboten (2. Mose 20,12; 21,17): „Du sollst Vater und Mutter ehren; wer aber Vater und Mutter flucht, der soll des Todes sterben.“ Aber ihr lehrt: Wer zu Vater oder Mutter sagt: Eine Opfergabe soll sein, was dir von mir zusteht, der braucht seinen Vater nicht zu ehren. Damit habt ihr Gottes Gebot aufgehoben um eurer Satzungen willen.[7]

[6] Lutherbibel, revidierter Text 1984, durchgesehene Ausgabe, © 1999 Deutsche Bibelgesellschaft, Stuttgart.
[7] Lutherbibel, revidierter Text 1984, durchgesehene Ausgabe, © 1999 Deutsche Bibelgesellschaft, Stuttgart.

Darüber hinaus lautet es im Markusevangelium (Markus 7,11f.), wie wir es in der heutigen Evangelienlesung hören durften:

Ihr aber lehrt: Wenn einer zu Vater oder Mutter sagt: Korban – das heißt: Opfergabe soll sein, was dir von mir zusteht –, so lasst ihr ihn nichts mehr tun für seinen Vater oder seine Mutter [...].[8]

Hierbei gilt „Korban" als Gelöbnisformel dafür, dass die Opfergabe, mit deren Hilfe eigentlich die eigenen Eltern unterstützt werden sollten, zweckentfremdet wird und in gottgeweihtes Eigentum übergeht. Das Geld, das nach dem Gesetz des Mose den pflegebedürftigen Eltern zusteht, wird durch Korban umfunktioniert zu einem Weihgeschenk, das den Tempel zum Alleinerben über das Vermögen bestimmt (- auf welches man allerdings bis zum eigenen Ableben zurückgreifen kann). Eine Art „frommes Privatkonto" ist entstanden, durch welches eine private Nutznießung bis zum eigenen Ableben garantiert bleibt, die von Gott geforderte elterliche Hilfe hingegen geschickt umgangen werden kann. Damit hat sich der Jerusalemer Tempelkult eine raffinierte Methode ausgedacht, um die Verunehrung der Eltern, die eigentlich eine Verfluchung nach sich ziehen sollte, moralisch reinzuwaschen und sich darüber hinaus noch an den Abgaben der ihre Eltern verunehrenden Kinder zu bereichern. Auf Kosten der alten Eltern, die auf die Unterstützung ihrer Kinder angewiesen sind, wird das Geld ganz modern „fremd-verwaltet", jeglicher Zugriff hingegen jederzeit garantiert und das übrige Vermögen post mortem, über den Tod hinaus einem frommen Zweck gespendet. Jesus wendet sich hier eindeutig und radikal gegen die Scheinheiligkeit egoistischer Erwachsener, die ihren gealterten Eltern das Wort „Korban" entgegen schleudern und sich damit frömmelnd davor drücken, die von ihnen gebotene Hilfeleistung zu erbringen. Wer seinen Eltern, denen er sein Leben verdankt, im Alter „Korban"

[8] Lutherbibel, revidierter Text 1984, durchgesehene Ausgabe, © 1999 Deutsche Bibelgesellschaft, Stuttgart.

sagt, meint nichts anderes, als dass seine Eltern zusehen können bzw. müssen, wie sie weiter im Leben zurechtkommen (bzw. zu Recht kommen). Derjenige entehrt, er verunehrt seinen Vater und seine Mutter und benutzt dazu noch einen religiösen Vorwand, nämlich den, dass alles, was er eigentlich „gerne“ seinen Eltern gegeben hätte, er doch lieber Gott zugute kommen lässt. Er stellt sich also als gottesfürchtig dar und verdeckt damit sein unehrenhaftes Verhalten. Dieses heuchlerische Verhalten deckt Jesus gnadenlos auf, indem er sagt (Markus 7,9b):

Wie fein hebt ihr Gottes Gebot auf, damit ihr eure Satzungen aufrichtet![9]

Spätestens hier wird klar, dass es ihm nicht darum geht, nur „ehrenhaft zu erscheinen“ (oder die Eltern scheinbar ehrenamtlich zu entehren), sondern dass nur derjenige oder diejenige Vater und Mutter ehrt, der oder die ihnen zukommen lässt, was sie zum Leben brauchen. Damit ist auch unsere Ausgangsfrage beantwortet, worin das Ehren der Eltern besteht. Sie besteht schlichtweg darin, Vater und Mutter das Überleben zu sichern, sie zu versorgen, sich um sie zu kümmern. Somit wird auch klar, dass sich das Gebot nicht an kleine, den Eltern zu Gehorsam verpflichtete, Kinder richtet, sondern an Erwachsene, die in der Lage sind, für den Unterhalt ihrer Eltern aufzukommen. Mit Vater und Mutter sind also keineswegs frisch gebackene Eltern gemeint, die ihren Kindern nun absoluten Gehorsam abverlangen, sondern die Ältesten der Großfamilie, deren Kräfte bereits nachgelassen haben und die sich nicht mehr allein zu versorgen wissen. Das Gebot bildet eine Grundnorm israelitischer Sozialordnung, die das Lebensrecht der Eltern schützt und ihnen ihren Platz in der Gemeinschaft zusichert. Auch wenn ihre Leistungsfähigkeit nachlässt, ihre Arbeitskraft schwindet, dürfen „die alten Eltern“ nicht verunehrt, nicht aus dem Sippenverband ausgestoßen werden. Dieses Gebot

---

[9] Lutherbibel, revidierter Text 1984, durchgesehene Ausgabe, © 1999 Deutsche Bibelgesellschaft, Stuttgart.

verhindert die Funktionalisierung des Menschen auf seine Arbeitsfähigkeit. Es sichert die soziale Anerkennung von Vätern und Müttern in der Gemeinschaft. Es untersagt vollständig, schutzbedürftigen Eltern Nahrung, jegliche Lebensgrundlage oder gar das Recht auf Leben zu entziehen. Zudem betont es die Gleichbehandlung von Vater und Mutter und richtet sich damit gegen die Hervorhebung der Väter bzw. gegen die Vernachlässigung der Mütter. Das kurze, in einem einzelnen Satz formulierte Gebot regelt das Zusammenleben der Generationen und dient als deutliches Gegengewicht gegen eine Gesellschaft, in der Macht, Stärke, Reichtum und Jugendlichkeit das Recht zu setzen beansprucht. Gegen das Recht des Stärkeren (vgl. Survival of the Fittest) gibt Paulus im Römerbrief einen anderen Umgang zwischen Starken und Schwachen vor (Römer 15,1):

Wir aber, die wir stark sind, sollen das Unvermögen der Schwachen tragen und nicht Gefallen an uns selber haben. [10]

Die sogenannten „Starken" sollen die „Schwächeren" nicht diskriminieren und ausgrenzen, sondern (auf)-erbauen. Gottes Gebote stehen über allen menschlichen Satzungen, wie ausgetüftelt, klug und fromm auch immer sie vorzugeben scheinen. Das kurze Gebot von der „Eltern-Ehrung" schützt das Lebensrecht des alten Vaters und der alten Mutter vor jeglichem egoistischen, wirtschaftlichen und sogar vor dem religiösen Mißbrauch. Daran musste bereits Jesus seine Zeitgenossen erinnern. Dass das Leben insbesondere von älteren Menschen gefährdetes Leben ist, scheint demnach keine Erscheinung der (Post-)Moderne zu sein. Doch anscheinend müssen wir Menschen immer wieder daran erinnert werden, dass wir verletzlich, schwach und sterblich sind. So heißt es bereits in den Psalmen (Psalm 90,12):

---

[10] Lutherbibel, revidierter Text 1984, durchgesehene Ausgabe, © 1999 Deutsche Bibelgesellschaft, Stuttgart.

Lehre und bedenken, dass wir sterben müssen, auf dass wir klug werden.[11]

Das Wissen um unsere eigene Sterblichkeit beinhaltet auch das Wissen um unser eigenes Älterwerden. Das Wissen um unser eigenes Altern ermöglicht ein Wissen um unsere eigene Schwäche. Das Wissen um unsere eigenen Schwächen bringt einen Respekt auch und gerade vor den Schwächen der anderen mit sich. Das Beachten unseres eigenen Alterns führt ebenfalls zur Achtung gegenüber dem Alter, zur Achtung gegenüber den Älteren, zur Achtung gegenüber den Eltern, zur Ehre von Vater und Mutter. So viel steckt also darin in dem kurzen Satz (Exodus 20,12): „Du sollst deinen Vater und deine Mutter ehren, auf dass du lange lebest in dem Lande, das dir der Herr, dein Gott, geben wird.“ Wenn wir uns daran zu halten vermögen, gilt auch uns die Verheißung, (noch) lange leben zu dürfen in dem Land, das der Herr, unser Gott, uns geben wird!

Und der Friede Gottes, der höher ist als all unsere menschliche Vernunft, bewahre unsere Herzen und Sinne in Christus Jesus. Amen.

(2)Invokavit[12]:
Hebräer 4,14-16: Das Amt des Hohenpriesters

Liebe Gemeinde.

Bei der Länge der heutigen Abkündigungen fällt der Predigttext um so kürzer aus: Die 3 Verse, die für den heutigen Sonntag „Invokavit“ vorgeschlagen sind, stehen im Hebräerbrief, Kapitel 4, die Verse 14 bis 16. Ich lese Ihnen den Text einmal vor:

---

[11] Lutherbibel, revidierter Text 1984, durchgesehene Ausgabe, © 1999 Deutsche Bibelgesellschaft, Stuttgart.
[12] (29.2.2004)

Weil wir denn einen großen Hohenpriester haben, Jesus, den Sohn Gottes, der die Himmel durchschritten hat, so lasst uns festhalten an dem Bekenntnis. Denn wir haben nicht einen Hohenpriester, der nicht könnte mit leiden mit unserer Schwachheit, sondern der versucht worden ist in allem wie wir, doch ohne Sünde. Darum lasst uns hinzutreten mit Zuversicht zu dem Thron der Gnade, damit wir Barmherzigkeit empfangen und Gnade finden zu der Zeit, wenn wir Hilfe nötig haben.[13]

Der Hebräerbrief greift das Bild des Hohenpriesters auf, wie wir es aus den Kultvorschriften des Alten Testaments kennen: Der Hohepriester ist abgesondert vom Volk. Er ist erhaben. Er ist der einzige, der einmal im Jahr, in die Nähe Gottes gelangen darf. Er darf ins Allerheiligste gehen, in einen separaten Raum innerhalb des Jerusalemer Tempels. Ausschließlich er darf ihn betreten. Jedoch erst nach Einhaltung vieler Reinigungsvorschriften, nach Waschungen und kultischen Riten. Der Jerusalemer Tempelbezirk ist in mehrere Vorhöfe gegliedert: Nichtjuden dürfen ihn gar nicht erst betreten. Frauen dürfen nur in den ersten Vorhof. Männer dürfen bereits einen Vorhof weiter. Sie kommen bereits näher an Gottes Anwesenheit heran. Der Tempel selbst ist hingegen allein den Priestern vorbehalten. Und das Allerheiligste schließlich, nur dem Hohenpriester. Er darf sich der Bundeslade mit den Gesetzestafeln als einziger nähern. Er darf als einziger hinter den Vorhang schauen, „das Geheimnis lüften". Er darf als einziger den heiligen Gottesnamen, das Unaussprechliche, aussprechen. So ist alles geordnet, alles hat seine göttliche Ordnung. Jedem ist sein ihm zustehender Bereich und Teil zugewiesen. Es gibt klare, unüberschreitbare Grenzen. Diese zu übertreten, kommt einem Todesurteil gleich. Die Hierarchie ist streng geregelt und unüberwindlich. Für alles gibt es eine Vorschrift.

[13] Lutherbibel, revidierter Text 1984, durchgesehene Ausgabe, © 1999 Deutsche Bibelgesellschaft, Stuttgart.

„Was für ein altmodisches Bild! Das ist doch heute alles ganz anders!“ So mögen wir denken. Heute heißt es: „Gleiche Chancen für alle!“ Heute stehen jedem grundsätzlich alle Türen offen, behauptet man. Heute könne jeder erreichen, wofür er sich einsetzt und anstrengt. Heutzutage müsse bloß ein bißchen Leistung investiert werden. Heute, so sagt man, lasse positives Denken alle Träume wahr werden. Heute leben wir in einer Zeit die von sich behauptet, dass nichts unmöglich sei. Doch ist dem wirklich so? Auch heute, im Zeitalter der Kommunikation, des unüberschaubaren Informationsaustausches, in der alles erlaubt, alles möglich und insofern irgendwie alles gleichgültig zu sein scheint, gibt es immer wieder Mauern, vor die zu laufen, das Leben kosten kann. Zwar soll sich heute jeder durch eigene Bemühungen den ihm zustehenden Platz in der Hierarchie erarbeiten können. Ohne Vorurteile und somit scheinbar gerecht. Doch wie plötzlich kann dann der Absturz auf der Erfolgstreppe kommen, der manch einem das Genick bricht. Trotz unserer Gleichheitsideale werden innerhalb der Leistungsgesellschaft doch nur wieder neue Hierarchien geschaffen. Trotz unserer Parolen: Gleiche Rechte für alle, bleiben doch manche auf den Vorhöfen zurück. Einige erlangen nicht einmal Zutritt innerhalb der von uns selbst errichteten Tempelmauern. So altertümlich das Tempelbild uns auch erscheinen mag, enthält es doch Elemente, die wir in unserer heutigen Hierarchie wieder entdecken können: Die Gesellschaft funktioniert mit Hilfe von Ausgrenzungen. Innerhalb eines abgegrenzten Bereiches bleibt man „unter sich“. Da bleiben andere „außen vor“, Außenseiter. Hinein kommt nur, wer befugt und zugelassen ist, wer es sich leisten kann. Nur dass die heutigen Verbotsschilder nicht so leicht entzifferbar sind, auf den ersten Blick gar nicht so ausgrenzend erscheinen mögen, nicht für jeden so deutlich und verständlich sind, wie in dem eben beschriebenen und dargestellten Bild des Tempels.

Erst jetzt wird vielleicht erkennbar, wie revolutionär das Bild vom Hohenpriester innerhalb des Hebräerbriefes gedacht ist: Das Bild soll eben nicht mehr ausgrenzen. Ich fasse unseren Text einmal in 3 Thesen zusammen: 1. Unser

Hoherpriester ist so groß, dass er die Himmel zu durchschreiten vermochte und sogar Sohn Gottes ist. 2. Unser Hoherpriester ist so gering, dass auch er Versuchungen erlitt wie wir, und nun in unserer Schwachheit mit uns leidet. 3. Mit diesem Hohenpriester dürfen wir zuversichtlich vor Gottes Thron treten, um Barmherzigkeit und Gnade zu erfahren, wenn wir Hilfe nötig haben. Gerade das Ineinander von Größe und Schwäche unseres Hohenpriesters ist Grund unserer Zuversicht. Er ist nicht in der Art erhaben, als dass er sich endgültig von uns abwendet. Er schwebt nicht ins Unerreichbare, in die Himmel ohne Wiederkehr. Er lässt uns nicht auf den Vorhöfen des Tempelbezirkes zurück. Er ist aber auch nicht in der Weise erniedrigt, als dass wir uns, im Gegensatz zu ihm, erhaben fühlen könnten. Es gibt keinen Anlass, auf ihn herabschauen zu können. Er hat sich zwar erniedrigt, und sich uns gleich gemacht. Er hat alle unsere Höllen durchschritten. Jedoch hat er auch alle Himmel durchschritten und ist in die Nähe Gottes gelangt. Dieser hoch Erhabene und Erniedrigte ist unser Hoherpriester. Er will auch uns in die Nähe Gottes führen. Gott bleibt zwar Gott. Der Hohepriester bleibt ebenso ein Hoherpriester und Gottesvermittler. Und wir bleiben Tempelbesucher in und auf den Vorhöfen. Doch unser Hoherpriester bleibt nicht dabei, auf der Ausgrenzung zu bestehen. Er fordert uns auf, hinzuzutreten und uns zu nähern. Er ist zwar erhaben und der einzige, der in der Nähe Gottes sein kann. Jedoch fordert er uns auf, ebenso in die Nähe Gottes zu kommen. Hinzuzutreten vor den Thron der Gnade. Gott will sich unser erbarmen und sich als gnädig erweisen. Er kommt herab in unsere Schwachheit und zeigt sein Mitgefühl, seine Sympathie, wie es im Griechischen heißt. Durch unseren Hohenpriester, Gottes Sohn, sind wir eingeladen, uns in unserer Schwachheit anzunehmen. Uns selbst und uns gegenseitig anzunehmen und zu wissen, ebenso von Gott angenommen zu sein. Unabhängig von unserer Stellung innerhalb unserer selbstgesetzten Hierarchien. Unabhängig von dem Rang, den wir uns zu erkämpfen gedenken. Ohne Ansehen des Einkommens, des Erfolges, der Beliebtheit. Ohne Rücksicht auf unsere Bildung, das Ansehen unserer Familie oder des Berufes. Wir sind eingeladen, die Vorhöfe, Mauern und Grenzbezirke hinter uns zu lassen, um selbst zum Allerheiligsten vorzudringen. Wir dürfen selbst in die Nähe Gottes gelangen. Unser Hoherpriester gewährt uns den Zutritt vor Gottes Thron. Wir sind nicht länger ausgeschlossen und abgeschnitten. Wir gelten nicht mehr länger als unzureichend und mangelhaft. Wir brauchen uns nicht mehr selbst als Unwürdige und Unreine zu bezichtigen. Die kultischen Waschungen machen einen Menschen nicht mehr oder minder heilig. Eingehaltene Opfervorschriften verleihen einem Menschen nicht größere oder geringere Würde. Das Ein- bzw. Nichteinhalten von Reinheitsgebotes lässt einen Menschen weder rein(er) noch unrein(er) werden. Wir brauchen nicht länger in Angst und Gottesferne zu verharren. Vor Gott müssen wir nichts leisten, um einen Schritt näher zu ihm zu gelangen. Es gibt keinen Platz, auf den wir ein für alle Male verdammt wären. Wir dürfen uns frei bewegen und sind eingeladen, voller Zuversicht auf Gott zuzugehen, und Gnade und Barmherzigkeit zu empfangen, wenn wir seine Hilfe nötig haben. Indem unser Hoherpriester, als „Pontifex“ (bzw. Brückenbauer), zum Vermittler zwischen Gott und Mensch wird, baut er auch für uns eine Brücke zwischen Göttlichem und Menschlichem. Wir dürfen ihn und uns als göttlich erkennen. Wir dürfen zu dem gehören, was wir uns ersehnen: Zum Heiligen und Ewigen, zu Gott.

Und der Friede Gottes, der höher ist als alle Vernunft, bewahre unsere Herzen und Sinne in Christus Jesus. Amen.

(3) Reminiszere[14]:

Exodus 20,16: Du sollst nicht falsch Zeugnis reden

[14] (12.3.2006)

Gnade sei mit uns und Friede von Gott unserm Vater und unserm Herrn Jesus Christus. Amen.

Liebe Gemeinde.

Aufgeregt kommt jemand zu Sokrates, dem weisen Philosophen, gelaufen und ruft voller Eile: „Höre, Sokrates, das muss ich dir erzählen ..., dein Freund ..." „Halt ein!", unterbricht ihn der Weise. „Das, was du mir da sagen willst, ist es durch die drei Siebe geschüttet?" „Was für Siebe", fragt der Erstaunte überrascht. „Du wirst schon sehen", sagt Sokrates. „Das erste Sieb ist das Sieb der Wahrheit. Ist das, was du mit mitteilen möchtest auf seinen wahren Gehalt geprüft?" „Ich, ich weiß nicht so genau", stottert jener, „ich habe es eben in aller Schnelle aufgeschnappt ...". „Nun gut. Das zweite Sieb ist das Sieb der Güte. Ist der Gehalt dessen, was du mir erzählen möchtest, zumindest gut?" „Naja", sagt der andere verlegen, „nicht wirklich, also ...". „Nun denn. Das dritte Sieb ist das Sieb der Notwendigkeit. Ist das, was dich zu äußern umtreibt, denn wenigstens notwendig?" „Ach, das eigentlich auch nicht so recht ...", druckst jener verlegen vor sich hin. „Nun, mein Lieber, wenn das, was du mir zu erzählen gedachtest, weder der Wahrheit, der Güte, noch der Notwendigkeit entspricht, dann wirf es weg und belaste dich und mich nicht damit."
Wie wenig hätten wir uns mitzuteilen, wenn wir alles das, was uns auf der Zunge liegt und über die Lippen will, zuvor durch die drei Siebe schütten würden! Es hätte ein Ende mit großen Gerüchteküchen, ein Ende mit übler Nachrede und Verleumdung und ebenfalls ein Ende mit überflüssigen Sprechblasen. Untersuchen wir alle Rede und Aussage auf wahren Gehalt, gütliche Absicht und wendende Not, so können wir gut die Hälfte aller Texte und Sprachhülsen getrost beiseite lassen. Wir würden unseren Intellekt und unsere Seele, wie Sokrates sagt, nicht länger unnötig belasten. Wirf es weg! Vergiss es! Lass es begraben sein! Die weisheitlichen Texte der Bibel sind

ebenfalls voll mit Ratschlägen, sich vor bösen Zungen zu hüten aber ebenso, die eigene Zunge vor Bösem zu hüten. In den Sprüchen Salomos heißt es (Sprüche 6,16-19):

Diese sechs Dinge hasst der HERR, diese sieben sind ihm ein Gräuel: stolze Augen, falsche Zunge, Hände, die unschuldiges Blut vergießen, ein Herz, das arge Ränke schmiedet, Füße, die behände sind, Schaden zu tun, ein falscher Zeuge, der frech Lügen redet, und wer Hader zwischen Brüdern anrichtet.[15]

Die Psalmen warnen (Psalm 34,14):

Behüte deine Zunge vor Bösem und deine Lippen, dass sie nicht Trug reden.[16]

Doch müsste man nicht Jahrhunderte lang vor bösen Zungen warnen, wenn diese sich so einfach ihr Handwerk legen ließen! Das Geschäft der bösen Zunge existiert anscheinend seit Menschengedenken und die Wahrscheinlichkeit, diesem Geschäft den Bankrott zu erklären, scheint dementsprechend gering zu sein. Wie weise also das Gebot, das zumindest versucht, den üblen Auswirkungen des bösen Zungengeschäftes, Einhalt zu gebieten bzw. den Schaden zu begrenzen. Das Gebot, das uns in unserer Überlieferung meist mit den Worten: „Du sollst nicht lügen!“ im Kopf herum schwirrt, ist gar nicht so anmaßend, wie es auf den ersten Blick zu sein scheint. Nicht die Lüge in jeglicher Art wird vereitelt. Dafür ist das Alte Testament zu angefüllt mit trickreichen Listigkeiten und verschlagenen und gottgeliebten Betrügern: Denken wir nur an die Erschleichung des Erstgeburtsrechtes durch Jakob, der sich in Fell wickeln läßt, um seinem blinden Vater den Segen zu entlocken. Denken

---

[15] Lutherbibel, revidierter Text 1984, durchgesehene Ausgabe, © 1999 Deutsche Bibelgesellschaft, Stuttgart.

[16] Lutherbibel, revidierter Text 1984, durchgesehene Ausgabe, © 1999 Deutsche Bibelgesellschaft, Stuttgart.

wir nur an David, den König, der trotz eines ganzen eigenen Harems nicht die Finger von einer Frau lassen kann, deren Mann er zuvor in den todbringenden Krieg schickt, um sich die hinterbliebenen Witwe rechtmäßig anzueignen. Die biblisch ersterwähnte verführerische Zunge findet sich allerdings nicht hinter menschlichen Lippen, sondern im Mund der Schlange, die das ursprünglich paradiesische Menschenpaar verlockt, eine Frucht vom verbotenen Baum der Erkenntnis zu kosten. Diese Schlangenzunge sorgt mit dafür, dass Mann und Frau der Scham begegnen, vor Gott fliehen und schließlich schmerzlich aus dem Paradies vertrieben werden. Vor „Annichtungen" dieser Art will uns das heute zu thematisierende Gebot bewahren. In der Übersetzung nach Luther lautet es (Exodus 20,16):

Du sollst nicht falsch Zeugnis reden wider deinen Nächsten.[17]

Es soll den Nächsten vor jedweder üblen Nachrede schützen, die nicht der Wahrheit entspricht. Dabei geht es hauptsächlich darum, insbesondere vor Gericht, niemandem durch eine Unwahrheit zu schaden kommen zu lassen. Deutlicher wird das Gebot, meiner Meinung nach, anhand der Übersetzung nach Buber und Rosenzweig, die, der hebräischen Ursprache angenähert folgendermaßen lautet:

„Aussage nicht gegen deinen Genossen als Lügenzeuge."[18]

Dieser Wortlaut des Gebotes macht deutlich, dass die Herkunft desselben im Rechtsleben Israels zu finden ist. Das Gebot verbietet dem Israeliten, vor Gericht als Lügenzeuge aufzutreten. Lügenzeuge meint in der forensischen Gerichtssprache denjenigen, der ein falsches Zeugnis ablegt bzw. vor Gericht

[17] Lutherbibel, revidierter Text 1984, durchgesehene Ausgabe, © 1999 Deutsche Bibelgesellschaft, Stuttgart.
[18] Martin Buber, Die Schrift
© 2007, Gütersloher Verlagshaus, Gütersloh, in der Verlagsgruppe Random House GmbH

falsch aussagt. Der Sinn des Gebotes liegt darin, den Nächsten, den Genossen, vor einer Falschaussage und deren juristischen Folgen zu schützen. Das Verbot des Lügenzeugnisses dient zum Schutz von Recht und Ehre jedes Mitmenschen, der ohne diesen Rechtsschutz den Intrigen und Verleumdungen anderer gnadenlos ausgeliefert wäre. Im Grunde sichert dieses Gebot dem einzelnen das Recht auf Unversehrtheit des eigenen Rufes. Es gründet durch den gewährleisteten Schutzraum prinzipiell einen persönlichen Vertrauensbereich und sichert dadurch erstmals das Recht auf guten Ruf als ein soziales Gut. Luther schreibt zum [nach seiner Zählweise] „achten" Gebot im Kleinen Katechismus: „Wir sollen Gott fürchten und lieben, dass wir unsern Nächsten nicht belügen, verraten, verleumden oder seinen Ruf verderben, sondern sollen ihn entschuldigen und Gutes von ihm reden und alles zum besten kehren." Damit kann wohl kaum gemeint sein, dass die Entschuldigung des Nächsten, die Gute Rede vom Nächsten und das „Alles-zum-Besten-Kehren" eine kosmetische Verschönerung der Tatsachen bedeuten, sondern eher die Zivilcourage, jegliche Lüge, Verrat, Verleumdung oder Rufverderbnis eines Mitmenschen „zu-`Recht´-zu-rücken", ins rechte Licht zu setzen und der (Vor-)Verurteilung eines Menschen nicht teilnahmslos beizuwohnen, sondern tatkräftig entgegenzuwirken und die Wahrheit mutig zur Geltung zu bringen und zu bekennen. Im großen Katechismus betont Luther, Ehre und guter Ruf seien ein „Schatz, ... den wir nicht entbehren können. Denn es geht darum, nicht unter den Leuten in öffentlicher Schande, von jedermann verachtet, zu leben." Somit formuliert dieses Gebot ein Menschen-Recht ersten Ranges, nämlich das des Schutzes vor Schande und Verachtung, das der unantastbaren Würde eines jeden. Das sogenannte achte Gebot beinhaltet damit bereits einige derjenigen Grundrechte, welche wir heute in unserem Grundgesetz wieder entdecken können. Zum Beispiel in Artikel 1, Absatz 1: „Die Würde des Menschen ist unantastbar. Sie zu achten und zu schützen ist Verpflichtung aller staatlichen Gewalt." Beziehungsweise Artikel 2, Absatz 1: „Jeder hat das Recht auf die freie Entfaltung seiner Persönlichkeit, soweit er nicht die Rechte anderer verletzt und nicht gegen die verfassungsmäßige Ordnung oder das Sittengesetz verstößt." Oder Artikel 3, Absatz 1: „Alle Menschen sind vor dem Gesetz gleich." Unser Gebot positiv formuliert, könnte lauten: Achte die Würde deines Mitmenschen bzw. (Levitikus 19,18b):

Du sollst deinen Nächsten lieben wie dich selbst; ich bin der HERR.[19]

oder (Matthäus 7,12):

Alles nun, was ihr wollt, das euch die Leute tun sollen, das tut ihnen auch! Das ist das Gesetz und die Propheten.[20]

So fordert uns dieses eine, scheinbar kleine Gebot dazu auf, mit uns und unseren Mitmenschen liebevoll und verantwortungswürdig umzugehen. Das Gebot ermahnt uns, Abstand zu nehmen von fahrlässigem Umgang miteinander. Es ruft uns auf, einander in Wahrheit, Wahrhaftigkeit und Ehrlichkeit zu begegnen. So, wie es im Epheserbrief lautet (Epheser 4,25):

Darum legt die Lüge ab und redet die Wahrheit, ein jeder mit seinem Nächsten, weil wir untereinander Glieder sind.[21]

Oder wie es positiv formuliert bei Sacharja heißt (Sacharja 8,16f.):

Das ist´s aber, was ihr tun sollt: Rede einer mit dem andern Wahrheit und richtet recht, schafft Frieden in euren Toren, und keiner ersinne Arges in sei-

[19] Lutherbibel, revidierter Text 1984, durchgesehene Ausgabe, © 1999 Deutsche Bibelgesellschaft, Stuttgart.
[20] Lutherbibel, revidierter Text 1984, durchgesehene Ausgabe, © 1999 Deutsche Bibelgesellschaft, Stuttgart.
[21] Lutherbibel, revidierter Text 1984, durchgesehene Ausgabe, © 1999 Deutsche Bibelgesellschaft, Stuttgart.

nem Herzen gegen seinen Nächsten, und liebt nicht falsche Eide; denn das alles hasse ich, spricht der HERR.[22]

Diese Wahrheit nicht nur vor Gericht zu bezeugen, sollte unsere Berufung sein, wie auch Jesus den Sinn seiner Geburt in der Entgegnung des Pilatus begründet (Johannes 18,37c):

[...] Du sagst es, ich bin ein König. Ich bin dazu geboren und in die Welt gekommen, dass ich die Wahrheit bezeugen soll. Wer aus der Wahrheit ist, der hört meine Stimme.[23]

Und der Friede Gottes,der höher ist als all unsere menschliche Vernunft, bewahre unsere Herzen und Sinne in Christus Jesus. Amen.

(4)Reminiszere[24]:
Matthäus 2,1-12: Die Weisen aus dem Morgenland / Matthäus 15,21-28: Das kanaanäische Weib / Matthäus 18,1-5: Kindersinn / Matthäus 28,16-20: Der Missionsbefehl

Liebe Gemeinde,

der heutige Gottesdienst bildet den Abschluss der vergangenen Bibelwoche und soll sich daher zumindest in der Predigt auch darauf beziehen. In diesem Jahr ging es innerhalb der Bibelwoche um einige Texte aus dem Matthäus-Evangelium. Ich möchte nun auf diese Texte im Einzelnen und Gesamten zurückgreifen um denen, die nicht teilnehmen konnten einen kleinen Bericht zu

[22] Lutherbibel, revidierter Text 1984, durchgesehene Ausgabe, © 1999 Deutsche Bibelgesellschaft, Stuttgart.
[23] Lutherbibel, revidierter Text 1984, durchgesehene Ausgabe, © 1999 Deutsche Bibelgesellschaft, Stuttgart.
[24] (11.3.2001)

erstatten und denen, die - vielleicht auch nur an einzelnen Abenden - teilnehmen konnten, einige Gedanken wieder in Erinnerung zu rufen.

1) Am ersten Abend hat uns Pfarrer P. aus M. in Weihnachtsstimmung versetzt. Wenn seine Krippenfiguren auch unvollständig waren, hat er uns jedoch auch mit zweien der „drei heiligen Könige“ mitten ins Thema hineingeführt. Es ging um die Weihnachtsgeschichte nach Matthäus, die, entgegen der uns so vertrauten lukanischen, nichts vom Kaiser Augustus, von den Hirten auf dem Felde und von den Engeln aus der Höhe verlauten lässt. Bei Matthäus sind es einzig und zuallererst sternkundige, fremdländische Magier, die sich auf den weiten Weg machen, einem Stern folgend, um den neugeborenen König der Juden anzubeten. Ich lese aus Matthäus 2, die Verse 1 bis 12:

Als Jesus geboren war in Bethlehem in Judäa zur Zeit des Königs Herodes, siehe, da kamen Weise aus dem Morgenland nach Jerusalem und sprachen: Wo ist der neugeborene König der Juden? Wir haben seinen Stern gesehen im Morgenland und sind gekommen, ihn anzubeten. Als das der König Herodes hörte, erschrak er und mit ihm ganz Jerusalem, und er ließ zusammenkommen alle Hohepriester und Schriftgelehrten des Volkes und erforschte von ihnen, wo der Christus geboren werden sollte. Und sie sagten ihm: In Bethlehem in Judäa; denn so steht geschrieben durch den Propheten (Micha 5,1): „Und du, Bethlehem im jüdischen Lande, bist keineswegs die kleinste unter den Städten in Juda; denn aus dir wird kommen der Fürst, der mein Volk Israel weiden soll.“ Da rief Herodes die Weisen heimlich zu sich und erkundete genau von ihnen, wann der Stern erschienen wäre, und schickte sie nach Bethlehem und sprach: Zieht hin und forscht fleißig nach dem Kindlein; und wenn ihr´s findet, so sagt mir´s wieder, dass auch ich komme und es anbete. Als sie nun den König gehört hatten, zogen sie hin. Und siehe, der Stern, den sie im Morgenland gesehen hatten, ging vor ihnen her, bis er über dem Ort stand, wo das Kindlein war. Als sie den Stern sahen, wurden sie hoch erfreut und gingen in das Haus und fanden das Kindlein mit Maria, seiner Mutter, und fielen nieder und beteten es an und taten ihre Schätze auf und schenkten ihm Gold, Weihrauch und Myrrhe. Und Gott befahl ihnen im Traum, nicht wieder zu Herodes zurückzukehren; und sie zogen auf einem andern Weg wieder in ihr Land.[25]

So, wie Matthäus es schildert, müssen erst drei Magier auftauchen, die einem im Morgenland entdeckten Stern folgen, ihn als himmlische Geburtsanzeige identifizieren und die Sprache der Träume verstehen, bevor die gesamte judäische Hohepriesterschaft auf die Idee kommt, in der Schrift zu forschen und es trotzdem nicht schafft, die 7 Kilometer von Jerusalem nach Bethlehem zu gehen und nachzusehen, was sich dort ereignet hat. Sie erweisen nur im Auftrag des Königs ihre Schriftgelehrsamkeit, zeigen aber keinerlei Interesse an der Konkretheit prophetischer Verheißungen. Ja, die, die wir so gerne als Zauberer und Scharlatane abtun würden, erweisen sich als die ersten „Nachfolger Christi“. So, wie es später über Jesu Kreuz geschrieben stehen wird: INRI – Iesus von Nazareth, Rex Iudaiorum, so bekennen die Weisen schon jetzt, kurz nach der Geburt, den König der Juden und bringen ihm wahrhaft königliche Geschenke. Sogenannte Heiden erweisen sich als erste Gläubige und fallen sogar vor dem Kindlein nieder und beten es an.
2) Um ein Kind geht es auch im nächsten Text, den uns Pfarrer M. am Mittwoch Abend nahebrachte. Ich lese aus Matthäus 18, die Verse 1 bis 5:

Zu derselben Stunde traten die Jünger zu Jesus und fragten: Wer ist doch der Größte im Himmelreich? Jesus rief ein Kind zu sich und stellte es mitten unter sie und sprach: Wahrlich, ich sage euch: Wenn ihr nicht umkehrt und werdet wie die Kinder, so werdet ihr nicht ins Himmelreich kommen. Wer nun sich selbst erniedrigt und wird wie dies Kind, der ist der Größte im Himmel-

[25] Lutherbibel, revidierter Text 1984, durchgesehene Ausgabe, © 1999 Deutsche Bibelgesellschaft, Stuttgart.

reich. Und wer ein solches Kind aufnimmt in meinem Namen, der nimmt mich auf.[26]

Jesus ruft ein Kind und es folgt. Es hört auf ihn und kommt zu ihm. Jesus stellt das Kind mitten unter die Jünger und durchbricht ihre Logik. Er zeigt an diesem Kind exemplarisch auf, dass es unsinnig ist, über Größe und Rangfolge im Himmel zu sprechen, wenn der Eintritt ins Himmelreich gar nicht erst gewährleistet ist. Es geht gar nicht um das Großsein und das Herausragen, es geht um das Werden „wie dies Kind“, das nicht erst fragen muss wo es steht, sondern kommt, wenn Jesus es ruft und sich mitten hineinstellen lässt unter die Jünger. In dieser matthäischen Geschichte kann man das Kind als Nachfolger Christi erkennen.
3) Am dritten Abend sprach Pfarrer D. aus D. über die kanaanäische Frau, die zumindest allen Frauen aus der Frauenhilfe vom Weltgebetstag und der dazu vorläufig-vorlaufenden Vorbereitung bereits bekannt war. Hier konnten einige feststellen, dass der in der matthäischen Geschichte dargestellte Jesus so ganz und gar nicht in ihr liebgewordenes Jesus-Bild passt. Ja, dass es geradezu eine Empörung bedeuten kann, von Jesus zu lesen, dass er eine Frau mehrfach ignoriert, schroff ablehnt und arrogant-herablassend kränkt, bis er schließlich von dieser durch ihn gedemütigten Frau Lehre annimmt und sich buchstäblich eines Besseren belehren lässt. Hierzu lese ich aus Matthäus 15, die Verse 21 bis 28:

Und Jesus ging weg von dort und zog sich zurück in die Gegend von Tyrus und Sidon. Und siehe, eine kanaanäische Frau kam aus diesem Gebiet und schrie: Ach Herr, du Sohn Davids, erbarme dich meiner! Meine Tochter wird von einem bösen Geist übel geplagt! Und er antwortete ihr kein Wort. Da traten seine Jünger zu ihm, baten ihn und sprachen: Lass sie doch gehen,

[26] Lutherbibel, revidierter Text 1984, durchgesehene Ausgabe, © 1999 Deutsche Bibelgesellschaft, Stuttgart.

denn sie schreit uns nach! Er antwortete aber und sprach: Ich bin nur gesandt zu den verlorenen Schafen des Hauses Israel. Sie aber kam und fiel vor ihm nieder und sprach: Herr, hilf mir! Aber er antwortete und sprach: Es ist nicht recht, dass man den Kindern ihr Brot nehme und werfe es vor die Hunde. Sie sprach: Ja, Herr; aber doch fressen die Hunde von den Brosamen, die vom Tisch ihrer Herren fallen. Da antwortete Jesus und sprach zu ihr: Frau, dein Glaube ist groß. Dir geschehe, wie du willst! Und ihre Tochter wurde gesund zu derselben Stunde.[27]

Die Linienführung des Matthäus lässt sich auch in dieser Geschichte überaus deutlich wiedererkennen: Wie zuerst die heidnischen Astrologen das Jesuskind aufsuchen und vor ihm niederknien, dann ein kleines Kind zu Jesus gerufen wird, das sich gar nicht erst durch einen Kniefall erniedrigen muss, um Jesus zu folgen, dann eine ausländische Frau, ausgerechnet aus dem heidnischen Kanaan, Jesus anschreit, vor ihm niederfällt, und ihm als Davidssohn seine Hilfe ab-ringt. In allen drei Geschichten (über-)zeichnet Matthäus die judäischen Landsleute sehr unbarmherzig: Hohepriester und Schriftgelehrte beschäftigen sich lieber mit alten Texten, als dass sie Jesus als Judenkönig erkennen, die Jünger streiten sich lieber über ihre Größe und Rangfolge, als dass sie Jesus als Kind aufnehmen, und wiederum sind es die Jünger, die lieber ihre Ruhe haben und die exklusive Gemeinschaft mit dem von ihnen beanspruchten Jesus verteidigen, als dass sie das Brot, das er mit ihnen teilt mit anderen zu teilen bereit sind. Doch genau dieses wird ihnen von Jesus selbst abverlangt.

4) So auch im letzten Bibelwochen-Text, den Pfarrer M. vorgestern Abend mit uns besprach. Es ist der Schluss-Text des Matthäusevangeliums und uns aus der Taufliturgie bekannt. Nach Jesu Tod und Auferstehung begegnet er sei-

[27] Lutherbibel, revidierter Text 1984, durchgesehene Ausgabe, © 1999 Deutsche Bibelgesellschaft, Stuttgart.

nen verbleibenden elf Jüngern noch einmal, um diese mit einem Auftrag zu versehen. Bei Matthäus 28, können wir in den Versen 16 bis 20 lesen:

Aber die elf Jünger gingen nach Galiläa auf den Berg, wohin Jesus sie beschieden hatte. Und als sie ihn sahen, fielen sie vor ihm nieder; einige aber zweifelten. Und Jesus trat herzu und sprach zu ihnen: Mir ist gegeben alle Gewalt im Himmel und auf Erden. Darum gehet hin und machet zu Jüngern alle Völker: Taufet sie auf den Namen des Vaters und des Sohnes und des Heiligen Geistes und lehret sie halten alles, was ich euch befohlen habe. Und siehe, ich bin bei euch alle Tage bis an der Welt Ende.[28]

Erst jetzt gelingt es den Jüngern das zu tun, was die Weisen schon vorher taten und die schreiende Frau ihnen vorgemacht hat: sie fallen vor Jesus nieder. Sie sehen Jesus und fallen hin. Ob aus Schreck, aus Angst, aus Schock oder aus Anbetung, wir wissen es nicht. Matthäus schreibt: einige aber zweifelten. Sie erkennen Jesus, aber manch einer zweifelt. Trotzdem und gerade deshalb, geht Jesus auf sie zu und spricht sie an. Er tröstet sie und spricht ihnen seine ewige Gegenwart zu. Er ist der Immanuel – der Gott mit ihnen, der Gott mit uns. Und unter diesem Zuspruch, mit dieser Verheißung beauftragt er sie und uns, als Leser, Hörer und Angesprochene, hinzugehen, und alle Völker zu Jüngern zu machen.
Hier bringt Matthäus auf den Punkt, was er in 28 Kapiteln zu entfalten versuchte: Die Botschaft Jesu, die frohe Kunde, das Evangelium gilt allen, ohne Ausnahme. Die Grenzen in unserem bisherigen Denken werden aufgesprengt. Nicht nur die, die sich des Evangeliums sicher sind, sind gemeint. Nein, gerade an sie ergeht die Warnung, sich nicht allzu sicher zu sein im vermeintlichen Besitz der allein gültigen Lehre. In einigen Beispielen hat Matthäus uns aufzuzeigen versucht, dass gerade bei allzu großer Selbstsi-

[28] Lutherbibel, revidierter Text 1984, durchgesehene Ausgabe, © 1999 Deutsche Bibelgesellschaft, Stuttgart.

cherheit die Gefahr besteht, Jesus selbst aus dem Blick zu verlieren. Da ist ein allzu überzeugtes Jesusbild vielleicht zu einem falschen Bild erstarrt und lässt keinen Raum mehr für neue Erfahrungen. In diesen Geschichten wurde uns gezeigt, es geht nicht um Schriftgelehrsamkeit, sei sie auch noch so hohepriesterlich, nicht um Rangstreitigkeiten, und seien sie auch noch so fromm, nicht um exklusive Jesus-Besitz-Ansprüche, seien sie auch noch so selbst-verliebt. Nach Matthäus geht es einzig und allein darum, diese engen Grenzen zu überwinden und einzusehen, was er Jesus in den letzten Versen sprechen lässt: Ihm ist alle Macht gegeben, er ist alle Tage bei uns und alles, was er uns befiehlt, gilt allen Völkern.

Amen!

(5)Okuli[29]:

Markus 12,41-44: Scherflein der Witwe

Gnade sei mit uns und Friede von Gott unserem Vater und unserem Herrn Jesus Christus. Amen.

Liebe Gemeinde!

Gerade wurde die Kollekte eingesammelt. Stellen Sie sich vor, sie müssten jeweils, bevor sie ihr Geld in den Klingelbeutel geben, laut den Betrag nennen, den sie einlegen: „Zwei Euro, Fünfzig Cent, Fünf Euro, Achtzig Cent, Ein Euro, Zwanzig Cent, Zehn Euro, ..." Würden Sie dann mehr geben – oder eher weniger? Würden Sie, wenn Sie viel zu geben hätten, etwas lauter kundtun, wie spendefreudig sie sind? Würde es Sie beeindrucken, wenn jemand laut „Fünfzig Euro" sagen würde? Würden Sie dann gerne mithalten

[29] (27.2.2005)

wollen? Wie würden Sie reagieren, wenn jemand leise „Ein Cent" sagen würde? Keine Angst, ich beschreibe nicht die neuen Kollekten-Vorschriften für zukünftige Gottesdienste. Ich beschreibe nur ansatzweise die Kollekten-Situation im Jerusalemer Tempel zur Zeit Jesu. Dort wurde nicht nur die Höhe des Geldbetrages laut geäußert, sie wurde sogar schriftlich festgehalten. Finanz-Buchhaltung damaliger Zeit. Wir mögen denken, es gäbe viele Kollekten in unserem Gottesdienst: Eine Klingelbeutelkollekte vor der Predigt, eine Kollekte am Ausgang des Gottesdienstes und die Kollekte, die im kleinen Kirchlein gesammelt wird. Gleich dreimal wird die finanzielle Opferfreudigkeit der Gottesdienstbesucher, Ihre (bzw. unsere) Opfer- und Spendebereitschaft auf die Probe gestellt. Im Jerusalemer Tempel befanden sich gleich 13 sogenannter Opfer- oder auch Gotteskästen. In der Bibel gibt es eine Geschichte, die uns von der Opferbereitschaft der Jerusalemer Tempelbesucher vor 2000 Jahren berichtet. Ich lese aus Markus 12, die Verse 41 bis 44:

Und Jesus setzte sich dem Gotteskasten gegenüber und sah zu, wie das Volk Geld einlegte in den Gotteskasten. Und viele Reiche legten viel ein. Und es kam eine arme Witwe und legte zwei Scherflein ein; das macht zusammen einen Pfennig. Und er rief seine Jünger zu sich und sprach zu ihnen: Wahrlich, ich sage euch: Diese arme Witwe hat mehr in den Gotteskasten gelegt als alle, die etwas eingelegt haben. Denn sie haben alle etwas von ihrem Überfluss eingelegt; diese aber hat von ihrer Armut ihre ganze Habe eingelegt, alles, was sie zum Leben hatte.[30]

Die Geschichte ist kurz und knapp – und Ihnen vermutlich auch längst schon bekannt. Vielleicht ist Sie Ihnen sogar bereits so sehr vertraut, dass Sie sich nicht einmal mehr wundern – weder über das Geschehene selbst, noch über

[30] Lutherbibel, revidierter Text 1984, durchgesehene Ausgabe, © 1999 Deutsche Bibelgesellschaft, Stuttgart.

die Deutung Jesu. Schauen wir uns die Geschichte doch einmal etwas genauer an:

1) Und Jesus setzte sich dem Gotteskasten gegenüber und sah zu, wie das Volk Geld einlegte in den Gotteskasten.

Jesus setzt sich nicht direkt zum Gotteskasten hin. Er greift nicht in das Geschehen ein (wie etwa bei der Tempelreinigung, wo er Tische umstößt). Er beeinflusst das Geschehen nicht, verändert es nicht. Er setzt sich dem Gotteskasten gegenüber. Er hält Distanz: weit genug, um den Ablauf nicht zu stören, nah genug, um den Ablauf beobachten zu können. Jesus sieht zu. Er hat offene Augen und kann sehen, was geschieht. Er ist interessiert am Geschehen, ignoriert es nicht. Er sieht nicht weg, verschließt nicht die Augen. Sondern sieht hin, nimmt wahr, nimmt Teil, nimmt Anteil. Jesus sieht nicht zu, wieviel Geld das Volk in den Gotteskasten legt, sondern wie es jenes einlegt! Er will nicht kontrollieren, buchhalterisch inspizieren oder überprüfen. Weder, ob die Opfernden Gott ausreichend opfern, noch, ob die Buchhalter ordnungsgemäß Notiz führen. Jesus spielt nicht den Rechnungsprüfer vom Rechnungsprüfungsamt! Er schaut einfach hin, was passiert und vor allem, wie es passiert.

2) Und viele Reiche legten viel ein.

Dieser eine kurze Satz beinhaltet Vieles: Es scheint viel los zu sein am Gotteskasten! Viele Leute halten sich dort auf. Und diese vielen Leute stehen nicht da aus Schaulust, sondern, um Geld in den Gotteskasten einzulegen. Es beteiligen sich also viele Menschen am Tempelleben. Und es sind nicht irgendwelche Leute, sondern reiche und wohlhabende. Und diese vielen Reichen und Wohlhabenden geben nicht knauserig, sondern sie legen viel ein – sie spenden reichlich. Wieviel Reichtum doch dieser kurz gehaltene Satz beinhaltet: Viele Reiche legen viel ein!

3) Und es kam eine arme Witwe und legte zwei Scherflein ein; das macht zusammen einen Pfennig.

Im Gegensatz zu diesen vielen Reichen, die nicht näher beschrieben werden, erscheint nun eine Kontrast-Figur: Inmitten der vielen Reichen, die wir uns ruhig als gut betuchte, wohl ernährte, üppig geformte, sich stolz brüstende, vor Geld strotzende Männer denken können, die hohes Ansehen genießen, bunte Kleider tragen, lauthals ihre großzügige Opferbereitschaft verkünden und damit ihre großherzige Wohltätigkeit zur Schau stellen – erscheint eine einzige Person, die so ganz anders ist als die herrlichen Herren. Diese Person ist keiner der großen prächtigen Herren, kein Prachtexemplar von Mann. Sie ist das absolute Gegenteil, nämlich eine arme Witwe. Sie hat, im Vergleich mit der Hauptgruppe am Gotteskasten, ein anderes Geschlecht, einen anderen sozialen Status, ein anderes Verhalten und fällt damit komplett aus dem Rahmen des Dargestellten. Die arme Witwe - die Frau ohne Alles: ohne Mann, ohne Reichtum, ohne Ansehen. Niemand beachtet sie in der Gesellschaft der großen Herren: Dazu ist sie zu klein, zu gebeugt, zu leise, zu arm, zu unbeteiligt. Ja, sie kann sich nicht einmal ordnungsgemäß an der Geldabgabe am Opferkasten beteiligen. Einen Pfennig legt sie ein. Nicht einmal der Rede wert, so ein Pfennig. Wie soll mit einem Pfennig die Tempelverwaltung unterstützt werden? Die Frau ist kärglich und was sie zu geben hat ebenso armselig wie sie selbst – denken die Männer, wenn sie diese kaum ernst zu nehmende Spende der kaum wahrzunehmenden Frau überhaupt bemerken sollten. Doch Jesus hat sie bereits wahrgenommen. Jesus hat die Frau gesehen. Er hat sie sogar gehört – die Ungehörige. Und Jesus unterlässt es in jeder Weise, die Frau zu bewerten. So, wie er übrigens auch die vielen Reichen und ihre vielen Spendengelder nicht bewertet. Er nimmt wahr, dass die vielen Reichen viel geben und die arme Witwe nur einen Pfennig gibt.
Was an dieser Geschichte ist eigentlich so außergewöhnlich: Ist es nicht selbstverständlich, dass die Reichen viel geben und die arme Witwe wenig? Vorsicht! In unserem Text heißt es nirgends, die arme Witwe habe wenig gegeben! Dies wäre bereits ein wertender Vergleich mit der üppigen Spende, der Viel-Gabe der vielen Reichen. Es heißt: es kam eine arme Witwe und

legte zwei Scherflein ein; das macht zusammen einen Pfennig. Die arme Witwe kommt, wir können es uns bildlich vorstellen: Eine kleine, ältere Frau, gebückt, dunkel und grob gekleidet. Unscheinbar für die meisten, alle schauen über die gebückte Alte hinweg. Doch sie, die so leicht zu übersehen ist, bringt Bewegung ins Spiel: Jesus sitzt, die Tempelbeamten stehen, die Reichen legen Geld ein, alles geht seinen Gang. Da ist nichts Ungewöhnliches. Doch dann kommt die arme Witwe. Und durchbricht mit ihren beiden Scherflein den allzu gewöhnlichen Vorgang. Ein einzelner Pfennig bewirkt die Veränderung der gesamten Szenerie. Jesus hat diese Frau kommen sehen. Diese Frau hat bei Jesus eine „Erkenntnis ausgelöst". Und diese Erkenntnis ist für Jesus so bewegend, dass er seine Jünger zu sich ruft.

4) Und er rief seine Jünger zu sich und sprach zu ihnen:

Wahrlich, ich sage euch: Diese arme Witwe hat mehr in den Gotteskasten gelegt als alle, die etwas eingelegt haben. Jesus hat den Drang, seine Erkenntnis den Jüngern mitzuteilen. Diese eine Frau, die arme Witwe mit ihrer Pfennigs-Spende, wird für Jesus zum Sinnbild für wahre Opferbereitschaft. Diese eine Frau, die bislang in ihrem Leben kaum wahrgenommen wurde, die am Rande der Existenz steht, gerät bei Jesus ins Zentrum aller Aufmerksamkeit. Sie wird zum Mittelpunkt des Geschehens. An ihr kann Jesus seinen Jüngern den Sinn der Gottesspende veranschaulichen: Sie, die Arme, die Witwe hat mehr in den Gotteskasten gelegt als alle anderen! Nicht etwa mehr als diejenigen, die nichts hereingelegt haben – das ist zu offenkundig, dass ein Pfennig mehr ist als gar keiner, dass zwei Scherflein mehr sind als keines. Nein! Mit dem einen Pfennig, den zwei Scherflein hat sie mehr eingelegt als alle diejenigen, die überhaupt etwas eingelegt haben. Und hier wird es für unsere Logik, für unseren Verstand schwierig: Wie soll ein Pfennig mehr sein als all das viele Geld der vielen Reichen, das sie so reichlich in den Gotteskasten eingelegt haben? Dieser eine Satz Jesu bringt unsere gesamte Vorstellung von Mehr und Weniger, von Reich und Arm, von Vielem und Einem, von Wert und Unwert ins Wanken. Unsere Wertvorstellung wird für einen

Moment außer Kraft gesetzt. Wir geraten ins Schleudern. Doch Jesus lässt uns hier nicht stehen. Er setzt an mit seiner Erläuterung:

5) Denn sie haben alle etwas von ihrem Überfluss eingelegt.

Die vielen Reichen haben zwar viel eingelegt; doch im Verhältnis zu ihren unermesslichen Schätzen und Reichtümern ist das Viele der vielen Reichen nur ein klitzekleiner Bruchteil. Aus ihrem nur so überfließenden Reichtum haben sie nur etwas ihnen Überflüssiges eingelegt. Das mindert nicht die Menge dessen, was sie gegeben haben. Das mindert nur die Bedeutung dessen, was sie gaben. Wenn uns etwas überflüssig erscheint, dann meinen wir es nicht mehr zu brauchen. Dann steht es zum Beispiel als Sperrmüll auf der Straße. Das Möbel an der Straßenseite stehen, macht sie nicht zu minderwertigeren Möbeln, zeigt nur, dass der ehemalige Eigentümer sie nicht mehr nötig hat, keine Not mehr hat. Was nicht mehr vonnöten ist, kommt zum Abfall. In diesem Verständnis ist das Opfer der vielen Reichen nur ihr Abfallprodukt. Sie entsorgen ihren Müll quasi im Gotteskasten des Jerusalemer Tempels, im Zentralheiligtum. Und Jesus kann dies erkennen. Da spielt dann auch die Menge keine große Rolle mehr. Sie wissen im wahrsten Sinne des Wortes nicht mehr wohin damit, so viel haben sie davon, da kommt ihnen eine offizielle Entsorgungsstelle, mit der man sich Ruhm und Ansehen erkaufen kann, gerade recht.

6) Diese aber hat von ihrer Armut ihre ganze Habe eingelegt, alles, was sie zum Leben hatte.

Im Verhältnis zu den vielen Reichen und ihren überflüssigen Reichtümern gab die arme Witwe von ihrer Armut alles, was sie zum Leben hatte. Im Griechischen heißt es nicht nur, dass sie ihren gesamten Lebensunterhalt gab – was an und für sich schon unübertreffbar zu sein scheint – es heißt darüber hinausgehend: Sie gab ihr ganzes Leben! (Hólon ton Bíon autäs.) In dieser Formulierung wird die Unüberbietbarkeit der Hingabe völlig einsichtig und klar: Die vielen Reichen können geben, so viel sie wollen – es wird doch nur ein Ihnen Überflüssiges sein. Die arme Witwe, die außer ihren beiden

Scherflein nichts für den Gotteskasten zu geben hat, gibt ihr gesamtes Leben damit hin. Da spielt der Betrag des Geldes keinerlei Rolle mehr. Da geht es nur um die Beweg-Gründe des Gebens selbst. Wie schon gesagt, die einzig sich Bewegende in der Geschichte ist die arme Witwe, die zum Gotteskasten kommt. Sie kommt eben. Die anderen, die vielen Reichen sind längst da. Sie bewegen sich nicht mehr. Sie sind unbeweglich geworden. Das einzige, was sich bei ihnen noch bewegt, ist ihr Geld, das in den Gotteskasten eingelegt wird. Die Investitionen der Reichen sind ihre eigentlichen Bewegungen. Das Überfließen des Reichtums ist ihre Quelle. Der Reichtum der vielen Reichen quillt förmlich über. Und ein wenig dessen, was da so überschwappt, fließt aus Überdruss in den Gotteskasten. Hingabe wird käuflich. Hingabe zum Ausverkauf. Der Beweggrund der vielen Reichen ist das Geld. Der Beweggrund der armen Witwe ist Gott selbst. Sie kommt zu Gott und gibt alles was sie hat, sie gibt ihr ganzes Leben. Und außer ihr selbst, bleibt der Unterschied für alle unerkannt. Nur Jesus erkennt diese völlige Hingabe. Und er weist seine Jünger darauf hin. Jesus lenkt damit die Aufmerksamkeit auf ein Geschehen, das auf den ersten Blick kaum zu erkennen ist: Auf das scheinbar Unscheinbare, auf das, was längst nicht mehr selbstverständlich in unserem Blick ist: Auf eine einzelne arme Witwe inmitten der vielen Reichen. Auf einen einzelnen Pfennig unter all den vielen Reichtümern und Geldern. Auf das Kommen zu Gott mitten zwischen aller Verwaltungsgeschäftigkeit und Geschäftlichkeit. Und, wie gesagt, Jesus geht nicht hin und stürzt die Tische um, oder gar die Opferkästen. Er sitzt still da, greift nicht in den Prozess der Geldabgabe ein und verändert doch mehr, als auf den ersten Blick erkennbar ist: Er verändert die Blickrichtung, die Perspektive. Er eröffnet eine tiefere Einsicht. Er teilt uns das mit, was er selbst erlebt und erfahren hat. Dieses gibt er uns hin, wie er sich später selbst hingegeben hat: mit allem was er hatte, mit seinem ganzen Leben. So wird die arme Witwe zum Sinnbild für Jesus selbst: Scheinbar arm und unbedeutend, doch von größter Lebenshingabe und unüberbietbarem Gottvertrauen.

Ich brauche gar nicht erst darauf hinzuweisen, wie viele Witwen es allein in dieser Gemeinde gibt; wie viele jetzt auch hier im Gottesdienst sind, wie viele in den Seniorenclubs und wie viele unter den ehrenamtlichen Mitarbeiterinnen und Mitarbeitern. Ich brauche Ihnen gar nicht zu erzählen, welche Beachtung eine Witwe in der Gesellschaft erfährt: Einige von Ihnen erleben es täglich am eigenen Leib. In unserer heutigen Geschichte schärft uns Jesus den Blick gerade für diese eine arme Witwe. Und ohne dass er sie anspricht, verändert sich genau durch diese eine Frau das gesamte Leben um sie herum. Jesus lässt sich von ihrer Hingabe tief berühren. Und Jesus würdigt diese Frau, indem er voller Wertschätzung und Anerkennung sagt: Diese arme Witwe hat mehr gegeben als alle, die etwas gegeben haben! Genau diese Wertschätzung, Würdigung und Anerkennung ist Not-wendig: In der Gesellschaft, in der Kirche, in dieser Gemeinde. Jesus leitet uns an zu genauem Hinsehen, Wahrnehmen und Wertschätzen. Wir dürfen uns von seiner liebevollen Wertschätzung ruhig anstecken lassen.

Und der Friede Gottes, der höher ist als all unsere menschliche Vernunft, bewahre unsere Herzen und Sinne in Christus Jesus. Amen.

(6) Lätare[31]:
Johannes 6,47-51: Jesus – das Brot des Lebens

Jesus spricht: Wahrlich, wahrlich, ich sage euch: Wer glaubt, der hat das ewige Leben. Ich bin das Brot des Lebens. Eure Väter haben in der Wüste das Manna gegessen und sind gestorben. Dies ist das Brot, das vom Himmel kommt, damit, wer davon isst, nicht sterbe. Ich bin das lebendige Brot, das vom Himmel gekommen ist. Wer von diesem Brot isst, der wird leben in

[31] (25.3.2001)

Ewigkeit. Und dieses Brot ist mein Fleisch, das ich geben werde für das Leben der Welt.[32]

Liebe Gemeinde.

Wir befinden uns mitten in der Fastenzeit. Doch dreht sich in unserem heutigen Predigttext, wie überhaupt im gesamten 6. Kapitel des Johannes-Evangeliums alles ums Essen und Sattwerden (bzw. sowohl um irdische als auch himmlische Ernährung). Schon zu Anfang des Kapitels fragt Jesus einen seiner Jünger (Johannes 6,5b):

[...] Wo können wir Brot kaufen, damit alle diese Leute zu essen bekommen?[33]

Gemeint sind damit die 5000 Männer, die sich um Jesus versammelt hatten. Und, wie uns allen bekannt sein dürfte, gelingt es mit 2 Fischen und 5 Broten, die Menge derartig zu speisen, dass sogar noch einiges übrigbleibt (Johannes 6,11c).

[...] und alle hatten reichlich zu essen.[34]

Anschließend fordert Jesus seine Jünger auf, die Reste zu sammeln (Johannes 6,12b):

[...] Sammelt die Brotreste auf, damit nichts verdirbt.[35]

---

[32] Lutherbibel, revidierter Text 1984, durchgesehene Ausgabe, © 1999 Deutsche Bibelgesellschaft, Stuttgart.
[33] Gute Nachricht Bibel, revidierte Fassung, durchgesehene Ausgabe, © 2000 Deutsche Bibelgesellschaft, Stuttgart.
[34] Gute Nachricht Bibel, revidierte Fassung, durchgesehene Ausgabe, © 2000 Deutsche Bibelgesellschaft, Stuttgart.
[35] Gute Nachricht Bibel, revidierte Fassung, durchgesehene Ausgabe, © 2000 Deutsche Bibelgesellschaft, Stuttgart.

Von verdorbenen Speisen erfahren wir bereits aus dem Alten Testament. Dort lesen wir von dem Manna, das nicht aufbewahrt werden sollte (Exodus 16,20b):

[...] aber am Morgen war es voller Maden und stank.[36]

Jesus wird noch konkreter in seinem Anspruch, indem er bildlich fordert (Johannes 6,27):

Bemüht euch nicht um Nahrung, die verdirbt, sondern um Nahrung, die für das ewige Leben vorhält. Diese Nahrung wird euch der Menschensohn geben, denn Gott, der Vater, hat ihn dazu ermächtigt.[37]

Ähnliches kennen wir aus der Bergpredigt nach Matthäus, wo Jesus vom unvergänglichen Reichtum spricht (Matthäus 6,19-21):

Sammelt keine Reichtümer hier auf der Erde! Denn ihr müsst damit rechnen, dass Motten und Rost sie auffressen oder Einbrecher sie stehlen. Sammelt lieber Reichtümer bei Gott. Dort werden sie nicht von Motten und Rost zerfressen und können auch nicht von Einbrechern gestohlen werden. Denn euer Herz wird immer dort sein, wo ihr euren Reichtum habt.[38]

Jesus weiß genau, was Menschen von ihm begehren. Er weiß genau, dass die Menschen danach hungern, gesättigt zu werden. Er ist in der Lage gewesen, eine 5000-köpfige Menge zu sättigen. Er spricht sie an (Johannes 6,26b):

---

[36] Gute Nachricht Bibel, revidierte Fassung, durchgesehene Ausgabe, © 2000 Deutsche Bibelgesellschaft, Stuttgart.
[37] Die Bibel im heutigen Deutsch (Gute Nachricht), © 1982 Deutsche Bibelgesellschaft, Stuttgart.
[38] Die Bibel im heutigen Deutsch (Gute Nachricht), © 1982 Deutsche Bibelgesellschaft, Stuttgart.

[...] Ich weiß genau, ihr sucht mich nur, weil ihr von dem Brot gegessen habt und satt geworden seid. Doch ihr habt nicht verstanden, dass meine Taten Zeichen sind.[39]

Zum besten Beweis dafür, daß sie seine Taten und Zeichen wirklich nicht verstanden haben, fordern sie jetzt von ihm ein Zeichen seiner Macht (Johannes 6,30b):

[...] Lass uns ein eindeutiges Wunderzeichen sehen, damit wir dir glauben.[40]

Und sie werden noch dreister (Johannes 6,31):

Unsere Vorfahren aßen das Manna in der Wüste. In den heiligen Schriften heißt es: „Er gab ihnen Brot vom Himmel zu essen."[41]

Die Menge fordert ein Zeichen, die Menge verlangt nach Brot. Und wir erinnern uns an die Brotforderung im Alten Testament. Das Volk Israel murrt in der Wüste (Exodus 16,3):

„Hätte der HERR uns doch getötet, als wir noch in Ägypten waren! Dort saßen wir vor vollen Fleischtöpfen und konnten uns an Brot satt essen. Aber ihr habt uns herausgeführt und in diese Wüste gebracht, damit die ganze Gemeinde verhungert!"[42]

Und der Herr lässt den Israeliten durch Mose sagen (Exodus 16,12b):

[39] Die Bibel im heutigen Deutsch (Gute Nachricht), © 1982 Deutsche Bibelgesellschaft, Stuttgart.
[40] Gute Nachricht Bibel, revidierte Fassung, durchgesehene Ausgabe, © 2000 Deutsche Bibelgesellschaft, Stuttgart.
[41] Gute Nachricht Bibel, revidierte Fassung, durchgesehene Ausgabe, © 2000 Deutsche Bibelgesellschaft, Stuttgart.
[42] Gute Nachricht Bibel, revidierte Fassung, durchgesehene Ausgabe, © 2000 Deutsche Bibelgesellschaft, Stuttgart.

[...] Gegen Abend werdet ihr Fleisch zu essen bekommen und am Morgen so viel Brot, dass ihr satt werdet. Daran sollt ihr erkennen, dass ich der HERR, euer Gott, bin.[43]

Bzw. (Exodus 16,4b):

[...] Ich werde euch Brot vom Himmel regnen lassen. [...][44]

Die Verheißung des Herrn erfüllt sich prompt (Exodus 16,13f.):

Am Abend kamen Wachteln und ließen sich überall im Lager nieder, und am Morgen lag rings um das Lager Tau. Als der Tau verdunstet war, blieben auf dem Wüstenboden feine Körner zurück, die aussahen wie Reif.[45]

Bzw. (Exodus 16,21):

Morgen für Morgen sammelte nun jeder, so viel Manna, wie er brauchte. Sobald die Sonne höher stieg, zerschmolz das Manna, das nicht aufgesammelt worden war.[46]

Und obwohl das Volk satt wird, beschwert es sich weiterhin (Exodus 16,15b):

[...] Brot soll das sein? Das ist doch Manna! [...][47]

---

[43] Gute Nachricht Bibel, revidierte Fassung, durchgesehene Ausgabe, © 2000 Deutsche Bibelgesellschaft, Stuttgart.
[44] Gute Nachricht Bibel, revidierte Fassung, durchgesehene Ausgabe, © 2000 Deutsche Bibelgesellschaft, Stuttgart.
[45] Gute Nachricht Bibel, revidierte Fassung, durchgesehene Ausgabe, © 2000 Deutsche Bibelgesellschaft, Stuttgart.
[46] Die Bibel im heutigen Deutsch (Gute Nachricht), © 1982 Deutsche Bibelgesellschaft, Stuttgart.
[47] Die Bibel im heutigen Deutsch (Gute Nachricht), © 1982 Deutsche Bibelgesellschaft, Stuttgart.

Der Schluss-Satz in Exodus Kapitel 16 lautet dann zusammenfassend (Exodus 16,35f.):

Vierzig Jahre lang aßen die Israeliten Manna, die ganze Zeit, während der sie in der Wüste umherzogen, bis sie in das Land Kanaan kamen.[48]

Diesen Sachverhalt fasst Jesus in einem noch kürzeren Satz zusammen (Johannes 6,49):

Eure Vorfahren aßen das Manna in der Wüste und sind trotzdem gestorben.[49]

Und er macht den Unterschied deutlich zwischen dem sogenannten himmlischen Brot, das vom Himmel kommt, sich aber als Absonderung von Schildläusen entpuppt, die sich von Tamariskensaft ernähren, und dem eigentlichen himmlischen Brot. Im Englischen gibt es zwei Worte für das, was wir im Deutschen schlicht mit „Himmel" bezeichnen: einmal das Wort „sky", das den Himmel meint, aus dem es regnet, aus dem zum Beispiel das sogenannte Manna herab geregnet wird, zum anderen das Wort „heaven", das den eigentlichen Himmel bezeichnet, den Horizont, der über uns ist, den Himmel, den wir meinen, wenn wir vom „guten Vater im Himmel" sprechen, wie die Konfirmandinnen und Konfirmanden ihn im Gebet so gerne anreden. Jesus unterscheidet also zwischen zwei unterschiedlichen „Himmelsbroten", wenn er sagt (Johannes 6,32):

Täuscht euch nicht, [...] nicht Mose hat euch das Brot vom Himmel gegeben, sondern mein Vater gibt euch das wahre Brot vom Himmel.[50]

---

[48] Gute Nachricht Bibel, revidierte Fassung, durchgesehene Ausgabe, © 2000 Deutsche Bibelgesellschaft, Stuttgart.
[49] Gute Nachricht Bibel, revidierte Fassung, durchgesehene Ausgabe, © 2000 Deutsche Bibelgesellschaft, Stuttgart.
[50] Die Bibel im heutigen Deutsch (Gute Nachricht), © 1982 Deutsche Bibelgesellschaft, Stuttgart.

Um den Unterschied noch mehr zu verdeutlichen sagt er weiter (Johannes 6,33):

Das Brot, das vom Himmel kommt und der Welt das Leben gibt, das ist wirklich Gottes Brot.[51]

Die Menschen, die zu ihm gekommen sind, weil er sie wirklich einmal gesättigt hat, verleihen ihrem weiterhin rumorenden Hunger Ausdruck, indem sie verlangen (Johannes 6,34b):

[...] gib uns immer von diesem Brot![52]

Zumindest haben sie also erkannt, dass es da etwas gibt, wonach es sie hungert. Sie wollen wirklich etwas zu „beißen" haben.
In diesem Hunger können auch wir uns wiederfinden. Auch ihr, liebe „Konfis" - liebe Konfirmandinnen und Konfirmanden, die ihr euch so oft beklagt habt, die Bibel sei unverständlich und habe euch nichts zu sagen. Das ständige Haben-Müssen und vor allem die Gier des mehr und noch mehr Haben-Müssens, der ununterbrochene Heißhunger nach immer neuen Dingen, immer schnelleren Bildern, immer weiterer Berauschung ist nichts anderes als die Sehnsucht nach der Sättigung, nach der Befriedigung, von dem in unserem Text die Rede ist. Gerade in unserer heutigen und hiesigen Gesellschaft ist das Konsumieren angesagt. Und ihr, die ihr wißt, daß Konsum vom lateinischen „sumere" abstammt, mit der Bedeutung von Essen und Ergreifen, könnt euch ausdenken, wie groß der Konsumzwang wohl sein mag, wenn bzw. wo die Fast-Food-Generation nach Sättigung verlangt – und nicht satt wird. Dieser Hunger, der auch den Mitmenschen Jesu bekannt gewesen ist, wie er zuvor auch schon den Zeitgenossen von Mose bekannt gewesen zu

[51] Die Bibel im heutigen Deutsch (Gute Nachricht), © 1982 Deutsche Bibelgesellschaft, Stuttgart.
[52] Gute Nachricht Bibel, revidierte Fassung, durchgesehene Ausgabe, © 2000 Deutsche Bibelgesellschaft, Stuttgart.

sein scheint, ist ein allgemein menschlich, ja, allzu menschlich. Ein unersättlicher Hunger, der gestillt werden will. Und mitten in dieser Ansammlung von gierigen, (vielleicht sogar blutrünstig) schreienden, verlangenden Menschen, wagt es Jesus, etwas Unvermutetes, ja, Unglaubliches hinein zu sagen (Johannes 6,35):

„*Ich* bin das Brot, das Leben schenkt", sagte Jesus zu ihnen. „Wer zu mir kommt, wird nie mehr hungrig sein." [53]

Er muss froh gewesen sein, nicht förmlich „aufgefressen" zu werden. Und tatsächlich, die Menge ist empört über solche „Unverfrorenheit": Die Zuhörer entrüsteten sich, weil er gesagt hatte: „Ich bin das Brot, das vom Himmel gekommen ist." Und er fährt in der Rede fort mit dem, was ich als Textausschnitt für den heutigen Sonntag vorhin vorgelesen habe (Johannes 6,47-51):

Ich versichere euch: Wer mir vertraut, wird ewig leben. Ich bin das Brot, das Leben schenkt. Eure Vorfahren aßen das Manna in der Wüste und sind trotzdem gestorben. Wer aber von dem Brot isst, das vom Himmel kommt, wird nicht sterben. Ich bin das lebendige Brot, das vom Himmel gekommen ist. Jeder, der von diesem Brot isst, wird ewig leben. Das Brot, das ich ihm geben werde, ist mein Leib. Ich gebe ihn hin, damit die Welt lebt.[54]

Diese Rede empört die Zuhörer noch mehr, als das zuvor Gesagte (Johannes 6,52):

Das löste unter den Zuhörern einen heftigen Streit aus. „Wie kann dieser Mensch uns seinen Leib, sein Fleisch, zu essen geben?" fragten sie.[55]

---

[53] Gute Nachricht Bibel, revidierte Fassung, durchgesehene Ausgabe, © 2000 Deutsche Bibelgesellschaft, Stuttgart.

[54] Die Bibel im heutigen Deutsch (Gute Nachricht), © 1982 Deutsche Bibelgesellschaft, Stuttgart.

[55] Gute Nachricht Bibel, revidierte Fassung, durchgesehene Ausgabe, © 2000 Deutsche Bibelgesellschaft, Stuttgart.

Sie denken an Menschenfresserei und begreifen nicht die Zeichenhaftigkeit in Jesu Sprache. Noch drastischer und extremer wird es im weiteren Textverlauf, in dem Jesus den Gedanken an „Kanibalismus" weiter überspitzt (Johannes 6,53-56):

Jesus sagte zu ihnen: „Täuscht euch nicht! Ihr habt keinen Anteil am Leben, wenn ihr den Leib des Menschensohns nicht esst und sein Blut nicht trinkt. Wer meinen Leib isst und mein Blut trinkt, der hat das Leben für immer, und ich werde ihn am letzten Tag zum Leben erwecken. Denn mein Leib ist die wahre Nahrung, und mein Blut ist der wahre Trank. Wer meinen Leib isst und mein Blut trinkt, der lebt in mir und ich in ihm.[56]

Bzw. (Johannes 6,58):

Das also ist das Brot, das vom Himmel herabgekommen ist. Es ist etwas ganz anderes als das Brot, das eure Vorfahren gegessen haben. Sie sind gestorben, wer aber dieses Brot isst, wird ewig leben.[57]

Wir, die wir uns im monatlichen Abendmahl, über Jahre und längere Zeiträume hinweg, daran gewöhnen konnten, Jesu Leib im Brot und Jesu Blut im Saft oder Wein wiederzuerkennen oder besser noch wiederzuerinnern, da wir ihn, in Brot und Wein ja tatsächlich verinnerlichen und uns einverleiben, können die Empörung der Zuhörer Jesu wohl kaum noch nachvollziehen (Johannes 6,60).

Viele seiner Anhänger hörten das und sagten: „Was er da redet, geht zu weit! So etwas kann man ja nicht mit anhören!"[58]

---

[56] Die Bibel im heutigen Deutsch (Gute Nachricht), © 1982 Deutsche Bibelgesellschaft, Stuttgart.
[57] Gute Nachricht Bibel, revidierte Fassung, durchgesehene Ausgabe, © 2000 Deutsche Bibelgesellschaft, Stuttgart.

und ein wenig später heißt es (Johannes 6,66):

Als sie das hörten, wandten sich viele seiner Anhänger von ihm ab und wollten nicht länger mit ihm gehen.[59]

So ändern sich die Zeiten – und die Umstände. Zuerst kann Jesus sich gar nicht retten vor lauter Menschen, die ihm, wohin er sich auch zurückziehen mag, hinterherrennen und ihn bedrängen. Und schließlich wenden sich sogar einige seiner Anhänger von ihm ab. Und doch ist seine Botschaft, so anspruchsvoll sie auch sein mag, nichts weiter als eine Einladung an seine Zuhörer, und somit auch an uns, dieses Angebot des Sich-Sättigen-Lassens anzunehmen und sich die Worte, die hier gesprochen wurden, buchstäblich „auf der Zunge zergehen zu lassen“. Es ist eine Einladung zum Glauben, eine Einladung, dem zu vertrauen, der nicht marktschreierisch Brot zum Verkauf anbietet. Hier ist niemand, der behauptet, das Brot zu haben und scheibchenweise oder gar brosamenhaft davon abzugeben. Hier ist jemand, der beansprucht, das Brot zu sein! Der sich somit selbst opfert und hingibt. Im Abendmahl machen wir von diesem, seinem Angebot Gebrauch. Doch auch, wenn wir heute nicht gemeinsam das Abendmahl feiern, können wir uns dieses Angebot sagen lassen. Ich schließe die Predigt also mit folgendem Aufruf: „Weizenkörner, Trauben, hört von unsrem Glauben. Wer nicht aufgerieben wird, wer sich das erspart, der bleibt hart. Weizenkörner, Trauben, hört von unserm Glauben. Wer nicht in die Mühle fällt, leidet keine Not, wird kein Brot. Weizenkörner, Trauben, hört von unserm Glauben. Wer nicht in die Kelter fällt, wird auch nicht gepresst, für das Fest.“

Amen!

---

[58] Die Bibel im heutigen Deutsch (Gute Nachricht), © 1982 Deutsche Bibelgesellschaft, Stuttgart.
[59] Gute Nachricht Bibel, revidierte Fassung, durchgesehene Ausgabe, © 2000 Deutsche Bibelgesellschaft, Stuttgart.

(7) Passionsandacht nach Lätare[60]:

Matthäus 26,69-75: Verleugnung des Petrus / Matthäus 27,1-14: Vor Pilatus. Ende des Verräters

Petrus aber saß draußen im Hof; da trat eine Magd zu ihm und sprach: Und du warst auch mit dem Jesus aus Galiläa. Er leugnete aber vor ihnen allen und sprach: Ich weiß nicht, was du sagst. Als er aber hinausging in die Torhalle, sah ihn eine andere und sprach zu denen, die da waren: Dieser war auch mit dem Jesus von Nazareth. Und er leugnete abermals und schwor dazu: Ich kenne den Menschen nicht. Und nach einer kleinen Weile traten hinzu, die da standen, und sprachen zu Petrus: Wahrhaftig, du bist auch einer von denen, denn deine Sprache verrät dich. Da fing er an, sich zu verfluchen und zu schwören: Ich kenne den Menschen nicht. Und alsbald krähte der Hahn. Da dachte Petrus an das Wort, das Jesus zu ihm gesagt hatte: Ehe der Hahn kräht, wirst du mich dreimal verleugnen. Und er ging hinaus und weinte bitterlich. Am Morgen aber fassten alle Hohenpriester und die Ältesten des Volkes den Beschluss über Jesus, ihn zu töten, und sie banden ihn, führten ihn ab und überantworteten ihn dem Statthalter Pilatus. Als Judas, der ihn verraten hatte, sah, dass er zum Tode verurteilt war, reute es ihn, und er brachte die dreißig Silberlinge den Hohenpriestern und Ältesten zurück und sprach: Ich habe Unrecht getan, dass ich unschuldiges Blut verraten habe. Sie aber sprachen: Was geht uns das an? Da sieh du zu! Und er warf die Silberlinge in den Tempel, ging fort und erhängte sich. Aber die Hohenpriester nahmen die Silberlinge und sprachen: Es ist nicht recht, dass wir sie in den Gotteskasten legen; denn es ist Blutgeld. Sie beschlossen aber, den Töpferacker davon zu kaufen zum Begräbnis für Fremde. Daher heißt dieser Acker Blutacker bis auf den heutigen Tag. Da wurde erfüllt, was ge-

[60] (21.3.2007)

sagt ist durch den Propheten Jeremia, der da spricht: »Sie haben die dreißig Silberlinge genommen, den Preis für den Verkauften, der geschätzt wurde bei den Israeliten, und sie haben das Geld für den Töpferacker gegeben, wie mir der Herr befohlen hat« (Jeremia 32,9; Sacharja 11,12-13). Jesus aber stand vor dem Statthalter; und der Statthalter fragte ihn und sprach: Bist du der König der Juden? Jesus aber sprach: Du sagst es. Und als er von den Hohenpriestern und Ältesten verklagt wurde, antwortete er nichts. Da sprach Pilatus zu ihm: Hörst du nicht, wie hart sie dich verklagen? Und er antwortete ihm nicht auf ein einziges Wort, sodass sich der Statthalter sehr verwunderte.[61]

Liebe Gemeinde.

Wie schwer fällt uns manchmal das Bekenntnis unseres Glaubens. Ich meine damit nicht das gemeinsame Sprechen des sogenannten Glaubens-Bekenntnisses im sonntäglichen Gottesdienst, wo sich die Stimme des Einzelnen in den Chor der Gemeinde einfügen kann, sondern unser jeweiliges individuell-persönliches Glaubensbekenntnis. Wie tröstlich ist es da – doch auch wie bitter zugleich -, zu erfahren, dass eine „Größe", ein herausragender Apostel ebenfalls seine Schwierigkeiten damit hatte: Petrus nämlich, der Fels, auf dem sich die Kirche Christi gründet. Hatte Petrus zuerst noch vollmundig zu Jesus als dem Christus bekannt und getönt, er wolle ihm folgen, wohin er auch gehen möge, so konnten wir eben, in der ersten Evangelien-Lesung von einem ganz anders gearteten Bekenntnis des Petrus erfahren. Gleich drei Male mißlingt ihm das Bekennen der Zugehörigkeit zu Jesus. Zwei Mal ist es eine Frau, die ihn erkennt und ihn zur Sprache nötigt. Zuerst leugnet er gegenüber einer Magd, Jesus aus Galiläa überhaupt gekannt zu haben: „Ich weiß nicht, was du sagst", spricht er und begibt sich vom Hof hinaus in die Torhalle. Bei der Anfrage durch eine Zweite steigert sich sein

[61] Lutherbibel, revidierter Text 1984, durchgesehene Ausgabe, © 1999 Deutsche Bibelgesellschaft, Stuttgart.

Nicht-Wissen bereits zum Schwur: „Ich kenne den Menschen nicht!“ Selbst nachdem ihn weitere zur Rede stellen und an seiner Sprache erkennen, die ihn „verrät“, schwört er erneut, Jesus nicht zu kennen und beginnt sogar, „sich zu verfluchen“! Die Schwachheit seines Glaubens wird ihm erst bewusst, als er sich an die Worte Jesu erinnert, der ihm die gleich dreifache Verleumdung vorausgesagt hatte. Der Petrus, wie wir ihn in unserer Lesung entdecken können, ähnelt doch sehr demjenigen, der gerne zu Jesus herüber auf dem See gewandelt wäre, doch dann in seiner mangelnden Glaubens-Zuversicht unterzugehen drohte. Nun, nach dreifacher Verleugnung der Gemeinschaft mit Jesus, geht er hinaus und weint bitterlich. Die Passion Jesu, der Leidensweg Jesu, ist nicht allein ein einsamer heroischer Weg (des „Opferlammes“) zum Kreuz. Dieser Weg ist gepflastert mit vielen zusammenhängenden Betroffenheiten und Verwicklungen, mit eigener Bitternis und Pein: Petrus läuft fort und weint bitterlich, Judas geht fort und erhängt sich selbst. So viel Verhängnis, so viel Mit-Leidenschaft, so viel Schuld? Alles in allem angekündigt durch Jesus selbst, geweissagt bereits durch den Propheten Jeremia. Alles also, so bitter und hart es den einzelnen je treffen mag und getroffen hat, durch Gott selbst? Sind so alle unsere privaten Leiden mit hinein genommen in Gottes großen Plan?
Doch schließlich geht es doch um den Leidensweg Jesu. Seine Station endet heute in der Konfrontation mit dem Statthalter Pilatus. Der Beschluss aller Hohenpriester und Volksältesten ist gefasst, sie wollen ihn töten, binden ihn, führen ihn ab und entlasten ihr Gewissen durch die Überantwortung Jesu an den Statthalter. Weiterhin schieben sie ihre Schuldgefühle beiseite, indem sie dem reuigen Judas, Gewissensentlastung verweigern, indem sie sprechen: „Was geht uns das an? Da, sieh du zu!“ Sie treiben den verzweifelten Judas in die ausweglose Enge, schließlich in den Suizid (- den „Selbst-Tod“). Dennoch scheint ihr Gewissen nicht ganz reglos zu bleiben, da sie immerhin ein Unrechts-Empfinden dabei entwickeln, das verräterische Blutgeld in den Gotteskasten zu legen und es stattdessen für den Kauf des Blutackers zu

verwenden. Sie, denen kein Preis zu hoch war für die Auslieferung Jesu, die jegliche Mit-Schuld generell weit von sich weisen, gehen hingegen umso härter mit Jesus ins Gericht und verklagen ihn zur Todesstrafe. Jesus lässt die Anklagen (und Verklagungen) der Hohenpriester und Ältesten unbeantwortet, bekennt allerdings auf die Anfrage des Pilatus, der „König der Juden" zu sein: „Du sagst es". Dies sind und bleiben die einzigen Worte Jesu innerhalb der heutigen beiden Lesungen. Jesus kennt seinen Weg, weiß was ihm bevorsteht und ist dennoch bereit, diesen Weg bis zum Ende zu gehen und auf sich zu nehmen. Der einzige, der die „Wunderbarkeit" dieses Verhaltens als solche zu erkennen in der Lage ist, ist der Statthalter Pilatus, der sich sehr „ver-wundert". Jesus wird wahr machen, was wir bereits im Wochenspruch gehört haben (Johannes 12,24b):

[...] Wenn das Weizenkorn nicht in die Erde fällt und erstirbt, bleibt es allein. Wenn es aber erstirbt, bringt es viel Frucht. [...][62]

Amen.

(8)Judika[63]:

Hebräer 5,7-9: Christus – der wahre Hohepriester

Liebe Gemeinde.

Der Predigttext für dem heutigen Sonntag Judika steht im Hebräerbrief, Kapitel 5, die Verse 7 bis 9. Er enthält auszugsweise zwar nur einen Satz, hat es aber ziemlich in sich. Ich lese ihn einmal vor:

---

[62] Lutherbibel, revidierter Text 1984, durchgesehene Ausgabe, © 1999 Deutsche Bibelgesellschaft, Stuttgart.

[63] (28.3.2004)

Und er hat in den Tagen seines irdischen Lebens Bitten und Flehen mit lautem Schreien und mit Tränen dem dargebracht, der ihn vom Tod erretten konnte; und er ist auch erhört worden, weil er Gott in Ehren hielt. So hat er, obwohl er Gottes Sohn war, doch an dem, was er litt, Gehorsam gelernt. Und als er vollendet war, ist er für alle, die ihm gehorsam sind, der Urheber des ewigen Heils geworden.[64]

Ich weiß nicht, wie es Ihnen mit diesem Text und mit Umschreibungen wie Gott in Ehren halten, Gehorsam lernen und gehorsam sein geht. Ich versuche, mich dem Text anzunähern, indem ich ihn absatzweise, in acht Einzel-Abschnitten, betrachte:

1. ... Und er hat in den Tagen seines irdischen Lebens ... :
Er ist der Ungenannte. Innerhalb unseres Textes wird sein Name nicht erwähnt. Uns dürfte klar sein, wer hier gemeint ist. Der, dessen Passion, dessen Leidenszeit wir gerade gedenken. Für diesen gab und gibt es also Tage des irdischen Lebens, Tage seines Fleisches, Leben auf der Erde, und infolgedessen eben auch ein Leben darüber hinaus. Ein Leben und Tage jenseits des Fleisches, ein nicht-irdisches Leben.
2. ... Bitten und Flehen mit lautem Schreien und mit Tränen ... :
Er hat gebetet, doch nicht nur plappernd, sondern ernsthaft, innig und inbrünstig. Lautstark und lauthals. Er hat stark und laut geschrien und geweint. Er hat gerufen und Tränen vergossen. Er hat im Gebet gerungen und gekämpft. Er hat sich mit Gott auseinandergesetzt. Er hat nicht alles still und demütig geschluckt und hingenommen. Nein: Blut und Wasser schwitzend und vergießend, hat er in Ängsten und Nöten mit seinem Schicksal gerungen. Er hat mit Gott verhandelt, gebeten, der Kelch möge an ihm vorübergehen, er möge noch einmal davonkommen. Er hat Gott in seinen letzten Lebenszügen am

[64] Lutherbibel, revidierter Text 1984, durchgesehene Ausgabe, © 1999 Deutsche Bibelgesellschaft, Stuttgart.

Kreuz gefragt, warum er ihn verlassen habe. Er hat nicht nur die Gottesferne durchlebt und ausgehalten. Er hat sogar die Gottverlassenheit auf sich genommen und durchlitten. Durchgestanden im Gebet, schreiend, flehend und weinend.

3. ... dem dargebracht, der ihn vom Tod erretten konnte ... :

Er hat sich an den gewandt, der ihm helfen konnte. Er hatte jemanden, an den er sich zu wenden wusste. Er fand jemanden, dem er etwas darbringen konnte. Keine heiligen Opfergaben, wie sie üblicherweise dargebracht wurden und werden, sondern sich selbst. Im Weinen und Schreien, in Tränen und Schweiß, in Gebet und Flehen, mit Leib und Leben. Er hat sich jedoch nicht an irgendjemanden gewandt, sondern an den „Dynamenos", an den Könnenden und Vermögenden. Er wandte sich direkt an den, der vom Tode erretten kann. Vor ihn brachte er seine Not, ihm allein hat er sich ausgeliefert und hingegeben, geopfert und unterworfen. Ihm allein hat er, um ein Wort des Textes vorweg aufzugreifen, gehorcht und Gehorsam geschenkt. Einzig ihm hat er sein Gehör geschenkt und zugehört. Da er Gott gehört und um dieses Zugehörigsein wusste, konnte er sich Gott hingeben. Doch, wie wir dem Text entnehmen können, nicht ohne Angst, Tränen und Geschrei.

4. ... Und er ist auch erhört worden, weil er Gott in Ehren hielt ... :

Er hörte und er wurde erhört. Erhört und befreit. Befreit aus seiner Angst und von der Versuchung aufzugeben und alles hinzuschmeißen. Den ganzen, schmerz- und leidvollen Weg, den er vor sich hatte. Er ist seinen Weg gegangen. Einen Weg der Tränen, der Dornen und des Kreuzes. Einen einsamen Weg voller Flehen und Schreien. Doch war sein Weinen und Bitten nicht umsonst. Weder überflüssig, noch sinnlos. Er wurde befreit von seinem Zagen, Zaudern und Zögern. Von seinem Zweifeln und Verzweifeln an seinem Weg, an sich selbst und an Gott. Er, der in unserem Text namenlos bleibt, gehörte Gott und drum hörte Gott ihn. Wir alle gehören Gott, und Gott hört auch uns. Doch muss Gebets-Erhörung deshalb nicht gleich bedeuten, dass alle unsere Wünsche widerstandslos in Erfüllung gehen müssten. Im Vaterunser beten wir ja gerade: Dein Wille geschehe! Auch er betete so. Er wusste um seine Angst, um seine Verletzlichkeit, um seine Grenzen. Er kannte seine Schwächen, denn auch er war schwach, wie wir alle im Leben schwächeln. Doch seine Stärke war, dass er gerade in der Schwäche sich und seine gesamte Person in Gottes Hand, in den Willen Gottes begeben konnte. Er hat es nicht nur gesagt oder gedacht. Er hat es nicht nur theoretisch in Erwägung gezogen. Er hat es geglaubt und wichtiger noch, er hat es trotz und wider alle Befürchtungen auch gelebt. Er hat sich Gott hingegeben und ist ihm treu geblieben. Er ist wegen seiner Gottesfurcht, wegen seiner „Eulabeia“, wie es im Griechischen heißt, erhört worden. Seine Angst hat ihn nicht gelähmt und ihn zu einem willenlosen Opfer oder Funktionär gemacht. Er fürchtete Gott, er erkannte Gott in seiner Größe und Macht, ihn schauerte vor seiner Allmacht. Er konnte sich ihm hingeben, auch und obwohl er ahnte, welch schmerzhafte Konsequenzen diese Selbsthingabe für ihn haben würde und hatte. So konnte er Erhörung seiner Tränen und Schreie finden.

5. ... So hat er, obwohl er Gottes Sohn war, doch an dem, was er litt, Gehorsam gelernt ... :

Er war Gottes Sohn. Doch musste er den Gehorsam erst lernen. Selbst und sogar für den Sohn Gottes gilt der Gehorsam also nicht als eine Selbstverständlichkeit. Nicht nur uns bereitet das Wort Gehorsam, „Hypakoä“, Schwierigkeiten. Wir wollen stark und unabhängig, unverletzlich und letzlich unsterblich sein. Auch ihm fiel der Gehorsam schwer, so scheint es. Immerhin musste auch er ihn erst noch lernen, einüben und trainieren. Ich bin mir sicher, dass wir alle einem jemand oder einem etwas zumindest zeitweilig unser Gehör schenken. Dass wir alle, bewusst oder unbewusst, irgendjemandem oder etwas zuhören und gehorsam sind. Es kann nicht schaden, einmal zu überprüfen, wem oder was wir zuhören oder gehorsam sind. Er wusste sich Gott zugehörig. Er hörte auf Gott und Gott erhörte ihn. In unserem Text heißt es, er lernte an dem, was er litt, den Gehorsam. In seinem Leiden, durch sein Leid lernte er, was es heißt, Gott zu gehören und ihm zu gehorchen. In dem, was er litt und leidend durchmachte und über sich ergehen ließ, lernte er Gottesgehorsam. Er hörte auf Gott und nahm das Leid auf sich. Indem er litt, gehorchte er Gott.

6. ... Und als er vollendet war ... :

So vollendete er seinen Gehorsam und seine Zugehörigkeit zu Gott. Seinen Weg, und schließlich sich selbst. Er erreichte das Ziel seines Weges, indem er zur Vollendung gelangte. Er vollendete sein Leid, seine Tränen, sein Geschrei, und seine Schmerzen. Diese Vollendung meint ein Ende auch insofern, als dass wir als Nachfolger auf diesem Weg nicht verpflichtet sind, seine Schmerzen und Schreie exakt zu wiederholen. Was geschehen ist, ist geschehen. Er ist seinen Weg gegangen, wir gehen unseren. Doch auch unser Weg will ein vollendeter Lebensweg sein. Das hat nichts mit einer sorgfältig geplanten und inszenierten Biographie oder Karriereleiter zu tun, auch keiner Karriere bis ans Kreuz. Wir müssen nicht im Alter von 33 am Kreuz unseren letzten Atemzug aushauchen oder bereits ausgehaucht haben. Wir müssen uns auch nicht auspeitschen und zu Tode foltern lassen. Wirkliche Vollendung meint wohl eher, dem einzigen Könner, dem Dynamenos, Gott selbst Gehorsam zu schenken. Auf den hören zu können, der in der Lage ist, lebendig zu machen, ja, sogar lebendig vom Tod am Kreuz. Dem Gott von Karfreitag und insbesondere dann eben auch von Ostern zuzugehören, der zwar sterben lässt, aber eben auch wieder lebendig macht. Wirklich lebendig macht. Der ein Leben über unsere Tage des Fleisches hinaus schenken kann, wenn wir ihm uns und unser Gehör schenken. Wir müssen uns nicht selbst geißeln und opfern, es reicht fürs erste, ihm zuzuhören. Ihm unser Zuhören, zeitweise und dann vielleicht immer häufiger oder intensiver zu leihen. Es auszuprobieren und dieses Wagnis einzugehen, ihm vielleicht einmal ganz gehören zu können. Ein Wagnis bleibt es, ein Lernweg, ein lebenslänglicher. Wir alle sind Weggefährten auf diesem Weg des Gehorsams, den sogar der Sohn Gottes nur leidend beschreiten konnte. Somit können auch wir zu unseren Schwächen stehen. Denn auch er hat geweint und geschrien, gezweifelt und Angst gehabt. Aber er ist weitergegangen, bis zum Ende. Er ging den Weg bis zum Ende, bis zu seiner Voll-Endung.

7. ... ist er für alle, die ihm gehorsam sind ... :

Nun gibt es Menschen, die ihm mal mehr und mal weniger gehorchen können. Es gibt Phasen der Gottesnähe aber eben auch der Gottessuche. Phasen der Gottesferne, der vermeintlichen Gottesabwesenheit. Auch er hat diese Phasen durchlaufen. Er hielt ihnen allen Stand. Wenn auch wir in denselben Stand zu halten versuchen, gilt uns eine Verheißung. Die Verheißung der Vollendung, des Erhört und Befreitwerdens, der Gotteszugehörigkeit.

8. ... der Urheber des ewigen Heils geworden ... :

Er kann, durch seine Gottesfurcht, seinen Gehorsam und durch unseren Gehorsam ein wahrer Heiland sein. Der Urhaber ewigen Heils, der Begründer der ewigen Rettung, die Ursache der ewigen Seligkeit. Dazu ist keine spektakuläre Bekehrung vonnöten. Ein Anfang ist schon ein Zuhören, ein Hinhören, ein hoffnungsvoller Versuch, überhaupt etwas zu hören. Wer Ohren hat, der höre! Ein erwartungsvolles Horchen und Lauschen, die Öffnung der Ohren. Vielleicht das Auftun der Herzenstüren, ein innerliches Aufhorchen. Ein Gespür für das Wort Gottes, für Gott selbst. Ich wünsche uns, dass wir es schaffen, unsere Ohren weit genug aufzusperren und hin(ein)zuhorchen. Vielleicht werden wir etwas hören und es verstehen.

Und die Gnade Gottes, welche höher ist als unsere menschliche Vernunft, bewahre unsere Herzen, Sinne, auch die Ohren, in ihm, dem Ungenannten. Amen.

(9)Judika[65]:

Johannes 11,47-53: Jesu Feinde beschließen seinen Tod

[65] (25.3.2007)

Gnade sei mit uns und Friede von Gott unserem Vater und dem Herrn Jesus Christus. Amen.

Liebe Gemeinde.

„Die evangelische Kirche wird im Jahr 2030 ein Drittel weniger Mitglieder als 2002 haben und nur noch über die Hälfte ihrer Finanzkraft verfügen." So lautet die „Zukunftsperspektive" der Evangelischen Kirche im Rheinland „auf eine einfache Formel gebracht". Eine düstere Prognose. Anlässlich dieser fiktiv-brisanten Schwarzmalerei stellt sich anlässlich der sogenannten „Prioritätendiskussion" die immer gleiche Frage auf allen Konventen und Synoden: „Was sollen wir tun?" Auch die diesjährige Landessynode rang mit dieser pragmatischen Frage um den Selbsterhalt der institutionalisierten Kirche. Dererlei Krisenerscheinungen gibt es nicht erst im 21. Jahrhundert. In einer ähnlichen synodalen Prioritätendiskussion steckt auch der Hohe Rat zur Zeit Jesu, der über die Frage nach der Zukunft des Volkes Israel ringt. Wir hören den Predigttext aus dem Evangelium nach Johannes (Kapitel 11, die Verse 47 bis 53):

Da versammelten die Hohenpriester und die Pharisäer den Hohen Rat und sprachen: Was tun wir? Dieser Mensch tut viele Zeichen. Lassen wir ihn so, dann werden sie alle an ihn glauben, und dann kommen die Römer und nehmen uns Land und Leute. Einer aber von ihnen, Kaiphas, der in dem Jahr Hoherpriester war, sprach zu ihnen: Ihr wisst nichts; ihr bedenkt auch nicht: Es ist besser für euch, ein Mensch sterbe für das Volk, als dass das ganze Volk verderbe. Das sagte er aber nicht von sich aus, sondern weil er in dem Jahr Hoherpriester war, weissagte er. Denn Jesus sollte sterben für das Volk, und nicht für das Volk allein, sondern auch, um die verstreuten Kinder Gottes zusammenzubringen. Von dem Tage an war es für sie beschlossen, dass sie ihn töteten.[66]

„Was sollen wir tun?“ fragen die Synodalen. „Was tun wir?“ fragen die versammelten Hohenpriester und Pharisäer im Hohen Rat. Dann erfolgt die große Spekulation: „Wenn wir diesen Mann – gemeint ist Jesus von Nazareth – weiterhin seine Zeichen tun lassen, dann finden alle zum Glauben an ihn. Danach werden die Römer kommen und uns Land und Leute wegnehmen.“ Allein in dieser Erwägung verrät sich schon das Hauptinteresse der Kleriker und Laien des Hohen Rates: Sie wollen, dass Land und Leute weiterhin unter ihrer Kontrolle stehen und in ihrem Besitz bleiben. Sie wollen nicht, dass die Römer ihnen Land und Leute wegnehmen. In direktem gedanklichen Zusammenhang werden dann die Zeichenhandlungen des Menschen Jesu erwähnt, welche die derzeitigen Besitzverhältnisse von Land und Leuten in Gefahr zu bringen scheinen. So gefährlich erscheint ihnen also der Glaube der Menschen. Die Rats-Mitglieder fühlen sich dadurch extrem bedroht. Nun tritt aus der Anonymität des versammelten Gremiums eine Einzelpersönlichkeit hervor, Kaiphas, der Hohepriester, der kraft seines Amtes eine Weissagung verlauten lässt: „Es ist besser für euch, wenn ein Mensch für das Volk stirbt, als dass das gesamte Volk verdirbt.“ Beim erstmaligen Hören liegt der Vergleich nahe mit einem Jesus-Wort (Matthäus 5,30):

Wenn dich deine rechte Hand zum Abfall verführt, so hau sie ab und wirf sie von dir. Es ist besser für dich, dass eins deiner Glieder verderbe und nicht der ganze Leib in die Hölle fahre.[67]

[66] Lutherbibel, revidierter Text 1984, durchgesehene Ausgabe, © 1999 Deutsche Bibelgesellschaft, Stuttgart.
[67] Lutherbibel, revidierter Text 1984, durchgesehene Ausgabe, © 1999 Deutsche Bibelgesellschaft, Stuttgart.

Doch die Parallele hinkt: Lediglich aus der Sicht des Hohen Rates erscheint Jesus (als eines der Glieder) verdorben und gilt es, das Volk (als dem gesamten Leib) vor dem Verderben zu retten. Daher die einleitenden Worte: es ist besser „für euch". Den Interessen des Hohen Rates kommt es in der Tat sehr entgegen, Jesus quasi als kleinen Finger zu opfern, bevor der gesamte Volks-Leib in Mitleidenschaft des Verderbens gerät. Damit ist die Lösung bereits gefunden und die pragmatische Frage nach dem weiteren Vorgehen einhellig geklärt: Jesus muss sterben – „für das Volk". Von dem Tage an war für sie beschlossen, dass sie ihn töteten. So lautet der unausgesprochene „einmütige" Beschluss des Rates. Doch da Kaiphas, wie es im Text so schön heißt, nicht aus sich selbst heraus sprach, sondern weissagte (es war noch die Zeit, in der ein kirchliches Amt unmittelbar mit Weissagung verbunden war ...), konnte der Plan Gottes mittels und inmitten kirchenpolitischer Machtinteressen zum Zuge kommen. Denn: Jesus sollte tatsächlich „für das Volk sterben", doch nicht für das Volk allein, sondern, um die verstreuten Kinder Gottes zusammenzubringen. Durch den Tod Jesu sollte der Prozess einer Ein(ig)ung der Gotteskinder in Gang gesetzt werden.

Was folgt nun hieraus?

1) Keineswegs gilt es, synodale Gremienarbeit in Verruf zu bringen. Gremien sind Notlösungen, um Ordnung in eine Welt zu bringen, die nicht in Ordnung ist. Doch geht es einem Gremium lediglich um institutionellen Selbsterhalt oder politischen Machtzuwachs, besteht immer wieder die Gefahr, dass diesem (pseudo-heiligen) Zweck Menschen zum Opfer fallen bzw. bewusst geopfert werden. Da, wo nur noch nach zweckorientiertem Tun und nicht mehr nach der Wahrheit gefragt wird, gerät derjenige, der von sich sagte: „Ich bin die Wahrheit", auf´s Abschiebegleis und wird aus unserem Leben heraus befördert. Dort ist der Tötungsbeschluss und dessen Umsetzung nur noch eine Frage der Zeit.

2) Der Apparat und seine Aufrechterhaltung fordert Opfer. Der Hohe Rat versucht aus Selbsterhaltungstrieb vorzutäuschen, Jesus zum Wohlergehen des

Volkes opfern zu müssen. Jesus soll Opfer des Hohen Rates werden. Doch das hohe Gremium weiß nicht, was es tut. „Ihr wisst nichts!“ Im Englischen lässt sich der „Opfer“-Begriff sehr anschaulich unterscheiden. Hier wird differenziert: a) Dort heißt ein Opfer, das ohne oder gar gegen seinen Willen geopfert werden soll „victim“, so werden beispielsweise sämtliche Verkehrstote zu Unfall-„Opfern“; b) Hingegen heißt ein Opfer, das freiwillig erbracht wird „sacrifice“. Und in diesem Sinne entzieht sich Jesus dem widerwilligen Geopfert-Werdens durch den Hohen Rat allein schon dadurch, dass er vom „victim“ zum „sacrifice“ wird. Er lässt sich nicht opfern, sondern er opfert sich selbst, er verschenkt sich freiwillig, er gibt sich völlig hin und liefert sich aus.

3) Genau darin liegt die Gefahr für den Hohen Rat. Nicht die Zeichenhandlungen Jesu bedrohen die Existenz des Gremiums, die größte Gefahr für den Weiterbestand besteht in der Brisanz des Glaubens Einzelner. Der Rat wittert in Glauben und Anhängerschaft an Jesus den befürchteten Kontrollverlust über das Volk. Den Hohenpriestern und Pharisäern graut es davor, den Boden unter den Füßen zu verlieren, davor, Land und Leute abspenstig gemacht zu bekommen. „Lassen wir ihn so, dann werden sie alle an ihn glauben.“ Die einzelnen Menschen, die zum Glauben finden, bleiben nicht mehr lenk- und steuerbar. Menschen, die zum Glauben gefunden haben, für diesen – wider allen Machtkult – eintreten und ihn bekennen, treten aus der leicht manipulierbaren Menge heraus und werden eigen-ständig.

4) Wider alle politischen Erwägungen und Kalkulationen wird der Hohe-Priester Kaiphas zu einem Propheten Gottes. Er kündigt das zukünftige Geschehen an und weissagt den „Opfer-Tod“ Jesu im Voraus. Jesus soll sterben für das Volk und dafür, die zerstreuten Kinder Gottes zusammenzubringen. In und durch Jesu Tod sollen alle ge- bzw. vereint werden, die im Glauben Gottes Kinder sind. Jesus hat sich selbst hingegeben, um alle, die an ihn glauben zu sammeln und zusammenzuführen. Die Hohenpriester und Pharisäer des Hohen Rates hatten nur ihre eigenen Interessen im Blick. Doch darüber hinaus dienten sie in ihrem Beschluss, Jesus zu töten - so grausig die-

ses geplante Menschen-Opfer auch anmutet - unwissentlich der Ver-Ein(ig)ung der zerstreuten Gotteskinder. So erfüllt sich, was wir im Wochenspruch hören durften (Matthäus 20,28):

[...] der Menschensohn ... nicht gekommen [ist], dass er sich dienen lasse, sondern dass er diene und gebe sein Leben zu einer Erlösung für viele.[68]

Und der Friede Gottes, der höher ist als all unsere menschliche Vernunft bewahre unsere Herzen und Sinne in Christus Jesus. Amen.

(10) Ostersonntag[69]: Johannes 20,11-18: Maria aus Magdala

Gnade sei mit uns und Friede von Gott unserem Vater und dem Herrn Jesus Christus. Amen.

Liebe Gemeinde.

„Christ ist erstanden! Er ist wahrhaftig auferstanden!" Mit diesem Ruf jubeln wir - insbesondere zu Ostern - einander zu. Doch vermögen wir jemals wirklich das zu begreifen, zu erkennen, zu glauben, was uns Jahr für Jahr – mal mit mehr, mal mit weniger Überzeugung - über die Lippen geht? Tröstlich für uns kann sein, dass auch biblische Figuren ihre Probleme haben mit der Erkenntnis dessen, was wir mit dem Begriff „Auferstehung" zu fassen versuchen. Ja, gerade in einem österlichen Auferstehungs-Erlebnis werden wir mit den Irrungen der Erkenntnis und den Wirrungen des Glaubens konfrontiert.

---

[68] Lutherbibel, revidierter Text 1984, durchgesehene Ausgabe, © 1999 Deutsche Bibelgesellschaft, Stuttgart.
[69] (8.4.2007)

Ich lese den für heute vorgeschlagenen Predigttext aus dem Evangelium des Johannes, Kapitel 20, die Verse 11 bis 18:

Maria aber stand draußen vor dem Grab und weinte. Als sie nun weinte, schaute sie in das Grab und sieht zwei Engel in weißen Gewändern sitzen, einen zu Häupten und den andern zu den Füßen, wo sie den Leichnam Jesu hingelegt hatten. Und die sprachen zu ihr: Frau, was weinst du? Sie spricht zu ihnen: Sie haben meinen Herrn weggenommen, und ich weiß nicht, wo sie ihn hingelegt haben. Und als sie das sagte, wandte sie sich um und sieht Jesus stehen und weiß nicht, dass es Jesus ist. Spricht Jesus zu ihr: Frau, was weinst du? Wen suchst du? Sie meint, es sei der Gärtner, und spricht zu ihm: Herr, hast du ihn weggetragen, so sage mir, wo du ihn hingelegt hast; dann will ich ihn holen. Spricht Jesus zu ihr: Maria! Da wandte sie sich um und spricht zu ihm auf hebräisch: Rabbuni!, das heißt: Meister! Spricht Jesus zu ihr: Rühre mich nicht an, denn ich bin noch nicht aufgefahren zum Vater. Geh aber hin zu meinen Brüdern und sage ihnen: Ich fahre auf zu meinem Vater und zu eurem Vater, zu meinem Gott und zu eurem Gott. Maria von Magdala geht und verkündigt den Jüngern: Ich habe den Herrn gesehen, und das hat er zu mir gesagt.[70]

Johannes überliefert uns vier Erkenntnisarten des Ostergeschehens, indem er uns beschreibt, wie Menschen dem Auferstandenen begegnen: a) Petrus und Jesu Lieblingsjünger Johannes kommen, sehen und glauben, b) Die Jünger erkennen Jesus, weil er sich ihnen zeigt, c) Thomas, der Zweifler, muss erst Hand anlegen, um zu be-greifen, d) Maria Magdalena erkennt erst nach dem Angesprochenwerden. Der eine sieht nichts und glaubt alles, der andere erfährt, dass Nicht-Sehende glauben und selig sein werden. Wir

[70] Lutherbibel, revidierter Text 1984, durchgesehene Ausgabe, © 1999 Deutsche Bibelgesellschaft, Stuttgart.

selbst sehen gar nichts mehr, sind jedoch zum Glauben und Seligsein aufgerufen (Johannes 20,29b):

Selig sind, die nicht sehen und doch glauben![71]

Uns steht somit nur noch als einziger Zugang zur Ostererfahrung offen die sprachlich vermittelte Anrede (Jesaja 43,1b):

Fürchte dich nicht, denn ich habe dich erlöst; ich habe dich bei deinem Namen gerufen; du bist mein![72]

Allen geschilderten Personen gelingt schließlich der Zugang – trotz aller Zweifel (wie bei Thomas) und aller Irrtümer (wie bei Maria). Maria ist die erste „Sehende", sie erkennt sogar mehr als sie gesehen hat. Sie begreift, dass etwas Unglaubliches geschehen ist, ohne überhaupt das Grab erkundet zu haben (wie beispielsweise Petrus und Johannes) und sie täuscht sich gründlich, indem sie aus Verlustangst das leere Grab als Grabesraub fehldeutet. Das leere Grab selbst erklärt und interpretiert nichts, muss hingegen erst selber noch interpretiert werden. Maria betritt das Grab. Die eigene Ansicht des leeren Grabes bringt sie aber nicht zu Erkenntnis und Glauben, sondern verwirrt sie weiter und bringt sie zum Festhalten an ihrem Fehlschluss: „Sie haben meinen Herrn weggenommen." Die komplexe Bewegtheit der Maria ergibt durch ihr Gehen, Zurücklaufen, Wiedererscheinen, Hineintreten, Sich Umwenden, Heraustreten, Herantreten, Zurückgewiesenwerden und Zurücklaufen eine sehr bewegte und bewegende Geschichte. Die Schilderung des Bewegungsablaufes stellt gleichsam eine Choreographie ihres Erkenntnisprozesses dar: vom Irrtum zur Wahrheit, von der Selbsttäuschung zur

[71] Lutherbibel, revidierter Text 1984, durchgesehene Ausgabe, © 1999 Deutsche Bibelgesellschaft, Stuttgart.
[72] Lutherbibel, revidierter Text 1984, durchgesehene Ausgabe, © 1999 Deutsche Bibelgesellschaft, Stuttgart.

Enttäuschung bzw. schließlich bis hin zur Ent-Täuschung sämtlicher Täuschungen. So kommen wir zum Glauben. Dann erst kommt es zur Wende: „sie wandte sich um." Maria sieht jenen Mann, den sie für den einzigen hält, der weiß, was wirklich geschehen ist. Zutreffend und unzutreffend in einem. Gerade diese Gestalt weiß tatsächlich, worum es wirklich geht, obwohl es sich bei ihr keinesfalls um den Gärtner handelt. Die eigentliche Erkenntnis setzt jedoch erst dann ein, als Maria bei ihrem Namen gerufen wird. Maria wendet sich erneut um, nachdem sie sich vor lauter Enttäuschung abgewandt hatte. Erst die namentliche Anrede begründet eine Beziehung bzw. bringt diese Beziehung in Erinnerung, die so nur zwischen den sich ansprechenden, beteiligten Personen besteht, in ihrer einzigartigen Unverwechselbarkeit. Erst durch die namentliche Anrede wird klar: die beiden kennen sich. Nun erst erkennt auch Maria, indem sie von „ihm" angesprochen wurde. Die konkrete Beziehungs-Begründung mittels der besonderen Anrede ist ein zutiefst persönliches Geschehen, ein personaler Akt. Nun kann Maria zwar „den Herrn erkennen", jedoch nicht sofort den gegenwärtigen Stand der Beziehung richtig begreifen. Sie will ihm, wie gewohnt, zu Füßen fallen, will ihn umfassen, doch so stimmt die Beziehung jetzt nicht mehr. Die aktuelle Beziehung steht in der Spannung zwischen dem „Nicht mehr" (rühre mich nicht mehr an), dem „Noch nicht" (denn ich bin noch nicht aufgefahren) und dem „Schon jetzt" (gehe aber hin zu meinen Brüdern). „Und das hat er zu mir gesagt!" So verkündigt es Maria Magdalena. Johannes schildert die Erst-Erscheinung des Auferstandenen vor einer Frau. Eine Frau bezeugt somit das Unerhörte der Auferstehung. Wie skandalös, galt eine Frau damals doch als nicht prozessfähig und kam somit als Zeugin niemals in Frage. Ihre (weibliche) Mitteilung des: „ich habe den Herrn gesehen!" ist damit ungeheuerlich und kann daher zunächst nur skeptisch aufgefasst werden. Wir dürfen uns damit trösten, dass auch bei Maria Magdalena, einer der engsten Vertrauten Jesu, die Erkenntnis erst langsam durchsickerte. Auch wenn sie die erste Person ist, die vollends erkennt. Wir müssen also keine religiösen Glaubensvirtuosen sein und sollten uns auch nicht als solche darzustellen genötigt sehen (auch nicht innerhalb einer Predigt). Das „schubhafte“ Erkennen darf alle trösten, die selbst entweder eine wendungsreiche Suche hinter sich – oder auch erst noch vor sich haben oder gerade mitten darin befindlich sind. Kritisch zu bedenken bleibt jedoch folgendes: nicht alles, was wir glauben, muss deshalb zwangsläufig auch richtig sein. Maria irrt vorläufig wieder und wieder. Erst die persönlich-existentielle Anrede mit ihrem Namen bringt sie auf den Boden der Tatsachen zurück. Im Buchschluss lesen wir (Johannes 20,30f.):

Noch viele andere Zeichen tat Jesus vor seinen Jüngern, die nicht geschrieben sind in seinem Buch. Diese aber sind geschrieben, damit ihr glaubt, dass Jesus der Christus ist, der Sohn Gottes, und damit ihr durch den Glauben das Leben habt in seinem Namen.[73]

Damit wir glauben, ohne zu sehen. Damit wir erkennen, namentlich in der Anrede, den Herrn und damit auch – uns selbst.

Und der Friede Gottes, der höher ist als all unsere menschliche Vernunft bewahre unsere Herzen und Sinne in Christus Jesus. Amen.

(11) Ostermontag[74]: Jesaja 25,8f.: Der verschlungene Tod

Liebe Gemeinde.

Für den heutigen Ostermontag ist ein Text aus Jesaja vorgeschlagen, der es „in sich“ hat. Es sind zwar nur zwei Verse, diese jedoch dermaßen hoch kon-

[73] Lutherbibel, revidierter Text 1984, durchgesehene Ausgabe, © 1999 Deutsche Bibelgesellschaft, Stuttgart.
[74] (16.4.2001)

zentriert, dass es nötig ist, sie gleich mehrfach wiederholt zu hören, um sie annähernd zu verstehen. Ich lese zuerst aus dem ersten Vers. Bei Jesaja, Kapitel 25, heißt es in Vers 8:

Er [gemeint ist Gott der Herr] wird den Tod verschlingen auf ewig. Und Gott der HERR wird die Tränen von allen Angesichtern abwischen und wird aufheben die Schmach seines Volks in allen Landen;[75]

Dieser Versausschnitt enthält gleich eine dreifache Zukunftsverheißung:
1) Gott der Herr, so wird behauptet, wird den Tod auf ewig verschlingen. Dieser Satz ist jedoch schon so gigantisch, dass es sich verbietet, ihm weitere Aufzählungen anzuschließen. Der Tod soll verschlungen werden. Das heißt so viel wie: Der Tod soll vernichtet werden. So, wie wir, wenn wir eine Speise als Nahrung zu uns nehmen, diese durch Abbeißen, Zerbeißen und Zerkauen verkleinern, eigentlich zerstören und sie uns einverleiben, so soll auch der Tod, drastisch gesprochen, zerbissen und zerkaut, schließlich dann geschluckt und verschlungen werden. Der Tod wird, derb gesagt, wie ein Stück Fraß gefressen. Er wird von einer hungrigen Kehle getilgt. Und unser Text verrät uns sogar, wessen Kehle in der Lage ist, den Tod zu tilgen, wer selbst den Tod vertilgen wird. Es ist Gott der Herr. Er wird den Tod schlucken, und zwar ein für allemal. In unserem Text heißt es: auf ewig! Er wird den Tod verschlingen auf ewig. Was für eine gewaltige Aussage! Wie gewaltig sie wirklich ist, können wir aber erst dann begreifen, wenn wir uns klarmachen, dass dieser, unser Predigttext, bei eben dem Jesaja steht, der uns einige Kapitel früher die Gefräßigkeit des Totenreiches so plastisch beschreibt, dass einem angst und bange werden muss. Jesaja schreibt (Jesaja 5,14):

---

[75] Lutherbibel, revidierter Text 1984, durchgesehene Ausgabe, © 1999 Deutsche Bibelgesellschaft, Stuttgart.

Daher hat das Totenreich den Schlund weit aufgesperrt und den Rachen aufgetan ohne Maß, dass hinunter fährt, was da prangt und lärmt, alle Übermütigen und Fröhlichen.[76]

Dies entspricht der Vorstellungswelt des Alten Testaments viel eher. Hier wird das Machtverhältnis eindeutig beschrieben als die Übermacht des Todes über das Leben. Hier ist es das Totenreich, das verschlingt. Das Totenreich, das den Rachen ohne Maß aufreißt, den Schlund maßlos aufsperrt, daß alles Lebendige, übermütig und fröhlich Lärmende, nicht anders kann, als hinunter zu fahren, herab zu rutschen und verschluckt zu werden. Hier wird dem Lebendigen keine andere Bedeutung zuteil als die der Befriedigung des Todesschlundes. Das Leben ist da, um vom Tod gefressen und geschluckt zu werden. So erschreckend diese Vorstellung vielleicht auch anmutet, so wenig unrealistisch ist sie doch! Von der Macht des Todes brauche ich niemandem etwas zu erzählen, der selbst schon einmal einen nahestehenden Menschen an den Tod „verloren" hat. Von der Macht des Todes brauche ich auch niemandem erzählen, der den Leidens- und Kreuzweg Jesu nahe genug an sich heran gelassen hat. Denn auch ihm, Jesus, selbst blieb der Tod nicht erspart, ja, gerade von ihm wird uns dessen Todesangst und seine Erfahrung der Gottverlassenheit überliefert. Der Tod ist mächtig, der Tod ist gegenwärtig, der Tod hat nicht einmal vor Jesus Halt gemacht. Um es noch einmal in der Sprache des Alten Testamentes zu sagen (Sprüche 27,20a):

Unterwelt und Abgrund werden niemals satt [...].[77]

Vielleicht wird jetzt gerade klar, warum unser Jesaja-Satz innerhalb des Alten Testaments eine derartige Spitzenaussage bildet: Gott wird den Tod ver-

[76] Lutherbibel, revidierter Text 1984, durchgesehene Ausgabe, © 1999 Deutsche Bibelgesellschaft, Stuttgart.
[77] Lutherbibel, revidierter Text 1984, durchgesehene Ausgabe, © 1999 Deutsche Bibelgesellschaft, Stuttgart.

schlingen auf ewig. Wer die Macht des Leben verschlingenden Todes kennt, muss schon einen gewaltigen Gottesglauben haben, um diesem die Verschlingung des Todes zuzutrauen! Einen derartigen Todestrotz finden wir ansonsten noch bei Paulus, wenn er schreibt (1. Korinther 15,54f.).:

Wenn aber dies Verwesliche anziehen wird die Unverweslichkeit und dies Sterbliche anziehen wird die Unsterblichkeit, dann wird erfüllt werden das Wort, das geschrieben steht (Jesaja 25,8; Hosea 13,14): „Der Tod ist verschlungen vom Sieg. Tod, wo ist dein Sieg? Tod, wo ist dein Stachel?“[78]

In unserem Text wird jedoch nicht nur dem Tode getrotzt, sondern auch allen damit zusammenhängenden Schmerzen.
2) Jesaja trotzt der Trauer und Wehklage und verheißt einen Trost, der allen Menschen gilt, indem er verspricht: Und Gott der Herr wird die Tränen von allen Angesichtern abwischen. Hier ist es genau wie mit dem Tod. Jesaja leugnet die Realität der Trauer ebensowenig wie die des Todes. Er hat jedoch, entgegen aller Trauer die Hoffnung darauf, dass der Gott, welcher der Herr ist über den Tod, auch der Gott des Trostes sein muss. Eine derart tröstliche Verheißung, die ganz bildlich vom Ende aller Tränen, ja, vom Abwischen aller Tränen durch Gott selbst, spricht, können wir sonst wiederum nur im Neuen Testament finden. In der Offenbarung des Johannes lautet es (Offenbarung 7,17c):

[...] und Gott wird abwischen alle Tränen von ihren Augen.[79]

Bzw. (Offenbarung 21,4b):

[78] Lutherbibel, revidierter Text 1984, durchgesehene Ausgabe, © 1999 Deutsche Bibelgesellschaft, Stuttgart.
[79] Lutherbibel, revidierter Text 1984, durchgesehene Ausgabe, © 1999 Deutsche Bibelgesellschaft, Stuttgart.

[...] und der Tod wird nicht mehr sein, noch Leid noch Geschrei noch Schmerz wird mehr sein; denn das Erste ist vergangen.[80]

Erst wenn der Tod sein Ende hat, hat auch das Leid ein Ende. Erst wenn das Leid ein Ende hat, hat auch das Geschrei ein Ende. Erst wenn das Geschrei ein Ende hat, hat auch der Schmerz ein Ende. Und erst, wenn der Schmerz ein Ende hat, haben auch die Tränen ihr Ende. Gott wird die Tränen von allen Angesichtern abwischen, er wird alle Tränen von den Augen wegwischen und Tod, Leid, Schmerz und Geschrei ein Ende bereiten. So, wie Eltern sich zu ihren Kindern herabbeugen und ihnen das verheulte Gesicht von Tränen abtrocknen, so erbarmt sich Gott seiner Tröstlinge. In diesem Tränen trocknenden Bild ist Gott der, der alles wieder gut macht. Er ist die einzig und alleinig wahrhaftige Wiedergutmachung. So verheißt es Jesaja.
3) Ebenso verheißt er weiterhin: Gott der Herr wird aufheben die Schmach seines Volks in allen Landen. In dieser dritten Verheißung hören wir erstmalig eine Einschränkung der Gültigkeit: hier geht es um das Volk Gottes, jedoch in allen Landen. Die Schmach soll aufgehoben werden. Derartige Trostworte vom Ende aller Schmach finden wir weitere nur bei Jesaja. Dort heißt es gleich mehrfach (Jesaja 35,10; vgl. 51,11):

Die Erlösten des HERRN werden wiederkommen und nach Zion kommen mit Jauchzen; ewige Freude wird über ihrem Haupte sein; Freude und Wonne werden sie ergreifen, und Schmerz und Seufzen wird entfliehen.[81]

Und (Jesaja 65,19b):

[80] Lutherbibel, revidierter Text 1984, durchgesehene Ausgabe, © 1999 Deutsche Bibelgesellschaft, Stuttgart.
[81] Lutherbibel, revidierter Text 1984, durchgesehene Ausgabe, © 1999 Deutsche Bibelgesellschaft, Stuttgart.

Man soll in ihm [dem Volk] nicht mehr hören die Stimme des Weinens noch die Stimme des Klagens.[82]

Wenn wir uns die Situation vor Augen führen, in der unser Text verfasst wurde, wird uns klar, dass Jesaja die Macht von Tod, Tränen und Schmach sehr genau gekannt haben muss. Sein Volk, das Volk Gottes, lebt im Exil. Es lebt in der Gefangenschaft unter der Vormacht eines Fremdvolkes. Es ist weit entfernt von der Heimat, weit entfernt vom Land der Väter, weit entfernt vom eigenen Tempel, dem Hause Gottes. Die Gefahr, Gott anlässlich dieser Bedrückung zu vergessen oder den Glauben an ihn zu verlieren, ist sehr groß. Doch im Verfasser des Textes haben wir jemanden vor uns, der sich an Gott erinnert und der an Gottes Verheißungen festhält. Er wiederholt, um seine Zeitgenossen daran zu erinnern, was Gott versprochen hat: Gott der Herr wird den Tod verschlingen auf ewig. Und Gott der Herr wird die Tränen von allen Angesichtern abwischen. Und Gott der Herr wird aufheben die Schmach seines Volkes in allen Landen; denn der Herr hat´s gesagt. So steht es am Ende von Vers 8 (Jesaja 25,8c):

denn der Herr hat´s gesagt.[83]

Jesaja verweist auf die Zuverlässigkeit des Wortes Gottes. Es handelt sich hierbei nicht um leeres Geschwätz, nicht um hohles Blabla. Hier wird schlichtweg und unzweifelhaft der Zusammenhang hergestellt zwischen der Verheißung Gottes und seiner Erfüllung: Der Herr hat´s gesagt, der Herr wird´s wohlmachen. Mit großer innerer Zuversicht wagt es Jesaja, der aktuellen Bedrängnis die Verheißung seines Gottes entgegenzusetzen, desjenigen, der hält was er verspricht, der erfüllt was er einmal zugesagt hat. Hier ist

[82] Lutherbibel, revidierter Text 1984, durchgesehene Ausgabe, © 1999 Deutsche Bibelgesellschaft, Stuttgart.
[83] Lutherbibel, revidierter Text 1984, durchgesehene Ausgabe, © 1999 Deutsche Bibelgesellschaft, Stuttgart.

jemand, der den Worten Gottes eine hohe Bedeutung zumisst. Hier ist jemand mit unumstößlichem Glauben. Er erinnert seine Zeitgenossen an die Zusicherungen Gottes, des Herrn, welcher der einzige ist, der dem Tod entgegen eine wirkliche „Lebensversicherung“ auszustellen vermag. Gleichsam prophetisch schließt sich Vers 9 folgendermaßen an (Jesaja 25,9):

Zu der Zeit wird man sagen: „Siehe, das ist unser Gott, auf den wir hofften, dass er uns helfe. Das ist der HERR, auf den wir hofften; lasst uns jubeln und fröhlich sein über sein Heil!“[84]

Hiermit ist zum Ausdruck gebracht, was häufig zu erleben ist: Erst wenn sich die Verheißungen erfüllt haben, wird man sich wieder erinnern. So prophezeit es auch Jesaja. Wenn der Tod verschlungen sein wird auf ewig, wenn die Tränen von allen Angesichtern abgewischt sein werden, wenn die Schmach des Gottesvolkes in allen Landen aufgehoben sein wird, dann wird man sagen: Seht, unser Gott! Seht, das ist er, auf den wir gehofft haben! Und es schließt mit dem Aufruf: Lasst uns jubeln und fröhlich sein über sein Heil! Ist es nicht ähnlich mit Jesu Kreuzigung verlaufen? Zuerst wird Jesus verhöhnt und verspottet, verleumdet und verlacht, und dann, als er am Kreuz gestorben ist, kommt die Einsicht (Matthäus 27,54c):

Wahrlich, dieser ist Gottes Sohn gewesen![85]

Bzw. von Pilatus die Erkenntnis (Johannes 19,5c):

Seht, welch ein Mensch![86]

---

[84] Lutherbibel, revidierter Text 1984, durchgesehene Ausgabe, © 1999 Deutsche Bibelgesellschaft, Stuttgart.
[85] Lutherbibel, revidierter Text 1984, durchgesehene Ausgabe, © 1999 Deutsche Bibelgesellschaft, Stuttgart.
[86] Lutherbibel, revidierter Text 1984, durchgesehene Ausgabe, © 1999 Deutsche Bibelgesellschaft, Stuttgart.

Nun, unser Text ist nicht umsonst für den heutigen Ostermontag vorgeschlagen. Der Gedanke an die österliche Auferstehung scheint nahezuliegen. Heute, am Ostermontag, feiern wir die Auferstehung Jesu Christi von den Toten. So, wie wir eben, im Glaubensbekenntnis, gemeinsam gesprochen haben: hinabgestiegen in das Reich des Todes, am dritten Tage auferstanden von den Toten. Mit der Auferstehung feiern wir den Sieg des Lebens über den Tod. Wir glauben daran, selbst wenn es uns immer wieder unbegreiflich erscheint, dass in Christus der Tod auf ewig verschlungen ist, ein für alle Mal. Er wird den Tod verschlingen auf ewig. Ist nicht damit die jesajanische Prophezeiung verwirklicht? Wenn jedoch diese Verheißung mit der Auferstehung Jesu bereits erfüllt ist, müssten wir dann nicht noch eindringlicher, gerade zu unserer Zeit, mit Jesaja bekennen: Siehe, das ist unser Gott, auf den wir hofften, dass er uns helfe. Das ist der Herr, auf den wir hofften, lasst uns jubeln und fröhlich sein über sein Heil? Dann gilt der Aufruf des Jubels und des Fröhlichseins erst recht hier und heute für uns. Doch sind wir, die wir Sonntag für Sonntag die Auferstehung der Toten behaupten, häufig leider noch allzusehr dem Tode verhaftet. Tod, Schmach und Tränen umgeben uns immer noch, auch heute. Aber dennoch brauchen wir nicht bei Karfreitag stecken zu bleiben. Karfreitag ist vergangen. Wir brauchen den Lebenden nicht bei den Toten zu suchen. Auferstehung bedeutet nicht, den Tod leugnen zu müssen – es heißt hingegen, dem Tod die letzt-gültige Übermacht abzusprechen. Wir feiern Ostern. Wir feiern die Auferstehung! Wir feiern den Sieg des Lebens über den Tod hinaus, das Leben, durch den Tod hindurch! Darum lasst uns feiern und fröhlich sein!

Ich bete: Gott des Lebens – an uns ist vieles schon gestorben, und wir denken an Begraben. Komm, tauch auf unter uns wie die Frühlingssonne, dass unsere Hoffnung neue Säfte zieht. Wecke uns zum Leben, dass wir aufstehen und unsere Hände dir entgegenstrecken – bis du in unserer Mitte bist: Unsere Zweifel schwinden und die Wunden heilen. Die lähmende Angst wird vergehen, frei werden wir uns unter die Menschen mischen und mit ihnen das Leben feiern.

Amen!

(12) Ostermontag[87]: 1. Korinther 15,50-58: Die Verwandlung der Gläubigen

Das sage ich aber, liebe Brüder, dass Fleisch und Blut das Reich Gottes nicht ererben können; auch wird das Verwesliche nicht erben die Unverweslichkeit. Siehe, ich sage euch ein Geheimnis: Wir werden nicht alle entschlafen, wir werden aber alle verwandelt werden; und das plötzlich, in einem Augenblick, zur Zeit der letzten Posaune. Denn es wird die Posaune erschallen, und die Toten werden auferstehen unverweslich, und wir werden verwandelt werden. Denn dies Verwesliche muss anziehen die Unverweslichkeit, und dies Sterbliche muss anziehen die Unsterblichkeit. Wenn aber dies Verwesliche anziehen wird die Unverweslichkeit und dies Sterbliche anziehen wird die Unsterblichkeit, dann wird erfüllt werden das Wort, das geschrieben steht (Jesaja 25,8; Hosea 13,14): »Der Tod ist verschlungen vom Sieg. Tod, wo ist dein Sieg? Tod, wo ist dein Stachel?« Der Stachel des Todes aber ist die Sünde, die Kraft aber der Sünde ist das Gesetz. Gott aber sei Dank, der uns den Sieg gibt durch unsern Herrn Jesus Christus! Darum, meine lieben Brüder, seid fest, unerschütterlich und nehmt immer zu in dem Werk des Herrn, weil ihr wisst, dass eure Arbeit nicht vergeblich ist in dem Herrn.[88]

Gnade sei mit uns und Friede von Gott unserm Vater und unserm Herrn Jesus Christus. Amen.

[87] (17.4.2006)
[88] Lutherbibel, revidierter Text 1984, durchgesehene Ausgabe, © 1999 Deutsche Bibelgesellschaft, Stuttgart.

Liebe Gemeinde.

Soeben haben wir gemeinsam die Taufe von fünf Kindern gefeiert. Viele von Ihnen haben bestimmt schon oft an einer Tauffeier teilnehmen können, so dass Ihnen der Ablauf einer Taufe durchaus vertraut zu sein scheint. Aber können wir das, was in der Taufe vor sich geht, jemals wirklich begreifen? Können wir das, wie wir den Vorgang der Taufe zu erklären versuchen, jemals richtig verstehen? Wir taufen in den Tod und in das Leben, in die Auferstehung Christi hinein. In der Taufansprache erwähnte ich bereits, wie eng das Taufgeschehen mit Ostern verknüpft ist. Vielleicht kann uns hier zum besseren Verständnis der heutige Predigttext, die zu Beginn des Gottesdienstes gehörte Epistellesung aus dem ersten Korintherbrief, ein wenig weiterhelfen. Zentrales Thema des fünfzehnten Kapitels im Paulusbrief an die Korinther ist das der Auferstehung Christi. Für Paulus ist das Thema der Auferstehung Christi sogar derart zentral und grundlegend, dass sich daran die sog. Frage nach der Vergeblichkeit des Glaubens bzw. dem „Sinn des Lebens“, wie wir es nennen könnten, entscheidet. Zweifler und Auferstehungsleugner scheint es bereits damals zur Genüge gegeben zu haben (1. Korinther 15,12-14):

Wenn aber Christus gepredigt wird, dass er von den Toten auferstanden ist, wie sagen dann einige unter euch: Es gibt keine Auferstehung von den Toten? Gibt es keine Auferstehung der Toten, so ist auch Christus nicht auferstanden. Ist aber Christus nicht auferstanden, so ist unsre Predigt vergeblich, so ist auch euer Glaube vergeblich.[89]

[89] Lutherbibel, revidierter Text 1984, durchgesehene Ausgabe, © 1999 Deutsche Bibelgesellschaft, Stuttgart.

Für Paulus entscheidet sich Sinn oder Unsinn des Glaubens, Sinnhaftigkeit oder Sinnlosigkeit der Lebensarbeit an der Einstellung zur Auferstehung von den Toten bzw. an dem Glauben an die Auferstehung Christi. Ohne den Glauben an die Auferstehung Christi gibt es keinen christlichen Glauben, verliert nicht nur der Glaube selbst an Sinn und Gehalt, sondern auch alles, was daran hängt. Ohne Auferstehungsglauben wird auch die Feier der Taufe zu einem vergeblichen Unterfangen, verliert selbst die Kirche ihren Sinn. Die Osterbotschaft wird damit zu einem Kernthema paulinischer Theologie und die paulinische Osterbotschaft lässt sich in einem Satz zusammenfassen, in einem Vers des Korintherbriefes (1. Korinther 15,20):

Nun aber ist Christus auferstanden von den Toten als Erstling unter denen, die entschlafen sind.[90]

Mit dieser Aussage fundiert Paulus seinen Glauben an den Sinn seiner Arbeit, an den Sinn seiner Predigt, an den Sinn seines Bemühens um Gemeindeaufbau. Mit dieser Osterbotschaft erhält die Taufe einen Sinn und das Festhalten an christlicher Gemeinschaft und Verkündigungsdienst. Doch Paulus bleibt bei der Behandlung des Themas der Auferstehung von den Toten nicht bei der Auferstehung Christi stehen. Er betreibt nicht nur permanente Rückschau auf das einmalige Geschehen der Vergangenheit, er will auch den Blick in die Gegenwart und den Ausblick in die Zukunft nicht verbauen. Er eröffnet eine Zukunftsperspektive, welche die Auferstehung von den Toten auch zu einem Thema für die noch Lebenden macht. Er öffnet den Horizont für die Hoffnung auf ein Jenseits des Todes, zerstört gleichzeitig aber alle Illusionen auf eine sog. „leibliche Auferstehung" (1. Korinther 15,42-44):

---

[90] Lutherbibel, revidierter Text 1984, durchgesehene Ausgabe, © 1999 Deutsche Bibelgesellschaft, Stuttgart.

So auch die Auferstehung der Toten. Es wird gesät verweslich und wird auferstehen unverweslich. Es wird gesät in Niedrigkeit und wird auferstehen in Herrlichkeit. Es wird gesät in Armseligkeit und wird auferstehen in Kraft. Es wird gesät ein natürlicher Leib und wird auferstehen ein geistlicher Leib. Gibt es einen natürlichen Leib, so gibt es auch einen geistlichen Leib.[91]

So einfach Paulus. Er unterscheidet den verweslichen Leib aus Fleisch und Blut und den unverweslichen geistlichen Leib (1. Korinther 15,47-49):

Der erste Mensch ist von der Erde und irdisch; der zweite Mensch ist vom Himmel. Wie der irdische ist, so sind auch die irdischen; und wie der himmlische ist, so sind auch die himmlischen. Und wie wir getragen haben das Bild des irdischen, so werden wir auch tragen das Bild des himmlischen.[92]

Hier setzt dann unser Predigttext ein mit der Behandlung der Frage, wie und wann dies alles geschehen wird. Nicht wenige werden wohl von den paulinischen Aussagen enttäuscht sein. Alle, die ihre Lieben in Fleisch und Blut in einem Jenseits erhoffen und erwarten, werden brutal ernüchtert durch die paulinische Aussage (1. Korinther 15,50): „Das sage ich aber, liebe Brüder, dass Fleisch und Blut das Reich Gottes nicht ererben können; auch wird das Verwesliche nicht erben die Unverweslichkeit." Weiterhin ernüchtert Paulus rücksichtslos alle Utopisten, die hoffen, sich durch eigene rege Tätigkeit einen Himmel auf Erden zu erschaffen bzw. alle Optimisten, die zu glauben belieben, durch einen ewigen Fortschritt entwickle sich das Leben zu immer himmlischeren Zuständen und eines fernen Tages sei das Glück für alle real. Ihnen entgegnet Paulus schroff (1. Korinther 15,51f.): „Siehe, ich sage euch ein Geheimnis: wir werden nicht alle entschlafen, wir werden aber alle ver-

---

[91] Lutherbibel, revidierter Text 1984, durchgesehene Ausgabe, © 1999 Deutsche Bibelgesellschaft, Stuttgart.
[92] Lutherbibel, revidierter Text 1984, durchgesehene Ausgabe, © 1999 Deutsche Bibelgesellschaft, Stuttgart.

wandelt werden; und das plötzlich, in einem Augenblick, zur Zeit der letzten Posaune. Denn es wird die Posaune erschallen, und die Toten werden auferstehen unverweslich, und wir werden verwandelt werden.“ Die radikale Verwandlung ereignet sich in einer „unteilbaren Zeit“, in einem „Atom“, in einem Nu, mit einem Schlag, mit plötzlicher Kürze, in einem unerwarteten Moment. Hier geschieht dann das, was wir wöchentlich im Glaubensbekenntnis als eben unseren Glauben bekennen: Ich glaube an die Auferstehung der Lebenden und der Toten. Diese angekündigte Verwandlung begründet und erklärt Paulus wie folgt (1. Korinther 15,53): „Denn dies Verwesliche muss anziehen die Unverweslichkeit, und dies Sterbliche muss anziehen die Unsterblichkeit.“ Hier bietet sich uns das Bild der Taufe zur besseren Einsicht an: Wie wir als Verwesliche und Sterbliche in der und durch die Taufe bereits Anteil haben dürfen an der Hoffnung auf Unverweslichkeit und Unsterblichkeit, wie ein Täufling oftmals in ein weißes Taufgewand, in ein Taufkleid gehüllt ist, so werden wir als Verwesliche und Sterbliche zur Auferstehung in Unverweslichkeit gehüllt und mit Unsterblichkeit angekleidet. Nichts wird mehr bleiben, wie oder was es einmal war, alles wird verwandelt werden. Es ereignet sich sozusagen binnen eines Augenblickes eine radikale Neuschöpfung! In diesem Moment wird alles Lebensbedrohende und Tödliche vernichtet werden: „Wenn aber dies Verwesliche anziehen wird die Unverweslichkeit und dies Sterbliche anziehen wird die Unsterblichkeit, dann wird erfüllt werden das Wort, das geschrieben steht (1. Korinther 15,54): Der Tod ist verschlungen vom Sieg. Tod, wo ist dein Sieg? Tod, wo ist dein Stachel? Der Tod wird ein für alle Male spurlos vertilgt. Er wird verzehrt, so, wie Feuer verzehrt. Er wird aufgezehrt, so, wie von Raubtieren verschlungen. Er wird dem Verschwinden anheim gestellt, er wird verschwinden wie in einem Strudel oder Strom. Der Tod, der den Menschen stets zu besiegen schien, die alles bedrohende Macht, wird selbst besiegt und ist damit völlig abgetan. Der Tod, der den Menschen immer wieder zu einem Verweslichen und Sterblichen machte, der ihn Zeit seines Lebens quälen und maltraitieren musste, verwest nun selbst und stirbt. Der Stachel des Todes, der den Menschen verwundete und verletzte, wie der Stachel eines Tieres, eines Skorpions oder einer Biene, wie der Stachelstock oder die Stachelpeitsche eines brutalen Treibers, dieser Todesstachel wird gebrochen. Der Tod als den Menschen beherrschende und erniedrigende Macht mit dem Stachel als Symbol der Gewaltherrschaft wird nun seinerseits übermächtigt und unterliegt. Paulus vermag uns kurz zu erklären, worin der Stachel des Todes besteht und wodurch der Tod ein für alle Male besiegt wird (1. Korinther 15,56f.): „Der Stachel des Todes aber ist die Sünde, die Kraft aber der Sünde ist das Gesetz. Gott aber sei Dank, der uns den Sieg gibt durch unsern Herrn Jesus Christus!" Gesetz und Sünde stärken den Tod, doch Gott besiegt den Tod durch Christus, der in den Tod hineinging, den Tod durchdrang und von den Toten auferstanden ist. Gott gibt uns den Sieg: Christ ist erstanden. Paulus beendet seine Abhandlung über die Auferstehung mit einer konsequenten Motivation für den Alltag (1. Korinther 15,58): „Darum, meine lieben Brüder, seid fest, unerschütterlich und nehmt immer zu in dem Werk des Herrn, weil ihr wisst, dass eure Arbeit nicht vergeblich ist in dem Herrn." Durch die österliche Tatsache der Auferstehung Christi ist die Entscheidung über Sinn und Unsinn des Glaubens, Lebens und Arbeitens getroffen. Christus ist erstanden, Glauben, Leben und Arbeit sind nicht vergeblich, nicht sinnlos, nicht leer oder umsonst. Wie wir Menschen innerhalb unseres sterblichen und verwesenden Lebens immer wieder der Resignation eines Umsonst anheimfallen, ohnmächtig der Illusion unterliegen, das Leben scheine umschlungen vom Tod, so hält uns Paulus aufrüttelnd entgegen: Nichts ist vergeblich! Seid standhaft, haltet fest an eurem Glauben, lasst euch nicht beirren, lasst euch nicht verwirren. Stimmt ein in das österliche Siegeslied: „Der Tod ist verschlungen vom Sieg. Tod, wo ist dein Sieg? Tod, wo ist dein Stachel?" Singt laut: „Er ist erstanden, Halleluja! Freut euch und singet, Halleluja! Denn unser Heiland hat triumphiert, all seine Feind gefangen er führt. Lasst uns lobsingen vor unserem Gott, der uns erlöst hat vom ewigen Tod. Sünd´ ist vergeben, Halleluja! Jesus bringt Leben, Halleluja!"

Und der Friede Gottes, der höher ist als all´ unsere menschliche Vernunft, der bewahre unsere Herzen und Sinne in Christus Jesus. Amen!

(13) Quasimodogeniti[93]: Jesaja 40,26-31: Preis der Erhabenheit Gottes

Liebe Gemeinde.

Bestimmt kennen Sie alle den folgenden Spruch: Die auf den Herrn harren, kriegen neue Kraft, dass sie auffahren mit Flügeln wie Adler. Ein schönes Bild. Ich denke dabei an einen Adler, der in den Lüften kreist. Er hat lediglich seine Flügel ausgebreitet und lässt sich förmlich von der Luft tragen. Scheinbar schwerelos schwebt er umher. Ohne sich allzusehr anzustrengen, gleitet er und wird getragen. Ein schönes Bild vom Auffahren in den Himmel, von Flügeln eines Adlers, von neuer Kraft und Gottvertrauen. Eben dieser Spruch ist Teil unseres heutigen Predigttextes. Er steht bei Jesaja, Kapitel 40, die Verse 25 bis 31. Ich lese den Text:

Mit wem wollt ihr mich also vergleichen, dem ich gleich sei?, spricht der Heilige. Hebt eure Augen in die Höhe und seht! Wer hat dies geschaffen? Er führt ihr Heer vollzählig heraus und ruft sie alle mit Namen; seine Macht und starke Kraft ist so groß, dass nicht eins von ihnen fehlt. Warum sprichst du denn, Jakob, und du, Israel, sagst: „Mein Weg ist dem HERRN verborgen, und mein Recht geht vor meinem Gott vorüber"? Weißt du nicht? Hast du nicht gehört? Der HERR, der ewige Gott, der die Enden der Erde geschaffen hat, wird nicht

[93] (7.4.2002)

müde noch matt, sein Verstand ist unausforschlich. Er gibt dem Müden Kraft, und Stärke genug dem Unvermögenden. Männer werden müde und matt, und Jünglinge straucheln und fallen; aber die auf den HERRN harren, kriegen neue Kraft, dass sie auffahren mit Flügeln wie Adler, dass sie laufen und nicht matt werden, dass sie wandeln und nicht müde werden.[94]

Der Text endet mit dem uns bereits bekannten Spruch: Die auf den Herrn harren, kriegen neue Kraft, dass sie auffahren mit Flügeln wie Adler. Und eigentlich fasst dieser Schluss-Spruch den gesamten Predigttext gut und sinnvoll zusammen. Es geht im gesamten Text schlichtweg um das Vertrauen auf Gott, um das Gott-Vertrauen. Israel ist das Gottvertrauen abhanden gekommen. Warum sprichst du denn, Jakob, und du, Israel, sagst: „Mein Weg ist dem Herrn verborgen, und mein Recht geht vor meinem Gott vorüber?“ Weder Jakob, noch Israel leugnen die Existenz Gottes. Doch sie haben das Vertrauen in und auf Gott verloren. Es gibt Gott. Ja! - Doch mein Weg ist ihm verborgen. Gott existiert. Ja! - Doch mein Recht geht vor ihm vorüber. Und was nützt das Vertrauen auf einen Gott, der meinen Weg nicht kennt und mein Recht nicht verteidigt?
Israel sitzt im Exil. Weit entfernt von der Heimat und – Befürchtungsweise – auch weit entfernt von Gott. Gott ist den Weg nicht mitgegangen, denkt Jakob, er ist zurückgeblieben. Gott hat den Abtransport Israels nicht verhindert, denkt Israel, nichts getan. So sitzt Jakob-Israel in babylonischer Gefangenschaft. Resigniert. Mutlos. Verzweifelt. „Mein Weg ist dem Herrn verborgen, und mein Recht geht vor meinem Gott vorüber.“ Das sind Feststellungen. Das sind Behauptungen. Israel fragt nicht mehr: Ist das so? oder: Warum ist das so? Israel spricht: So ist das! So und nicht anders. Wer wollte da widersprechen oder dagegen reden? Hier ist kein Zorn, keine Wut gegen Gott, hier ist niemand, der Gott in einer Kampfansage die Stirn bietet. Hier ist jemand,

[94] Lutherbibel, revidierter Text 1984, durchgesehene Ausgabe, © 1999 Deutsche Bibelgesellschaft, Stuttgart.

der seine verzweifelte Situation konstatiert und aus dem Kontakt mit Gott herausgetreten ist. Gerade der einst so starke Jakob, der im Kampf mit Gott den Segen errungen hat, der nach einem Ringkampf gegen Gott den Namen Israel erhielt, sitzt jetzt kampfesunlustig und kraftlos in Babylon und ist kurz davor, aufzugeben. Israel sitzt im Staub. Mit allen einstigen Verheißungen von Gottes Heil. Mit Erinnerungen an Gottes Zusagen und Segensworte. Mit vielen Wünschen und Hoffnungen, Träumen und Zukunftsideen. Alle verblasst, alles gescheitert, alles geplatzt, alles umsonst. Kaputt, wie der Tempel, ist auch das Gottvertrauen. Israel sitzt im Staub und trauert.
Und dann ist da Babylon. Die Herrschermacht. Das Volk der Eroberer. Die wahren Sieger. Diese waren in der Lage, den Tempel zu zerstören und Israel zu besiegen. So, wie Israel den Babyloniern hilflos unterlegen war, so war auch der Gott Jahwe den babylonischen Gottheiten chancenlos unterlegen. So, wie sich das kleine Israel, der kleine Jakob, nur einen Gott leisten kann, einen kleinen, schwachen, besiegbaren noch dazu, so können sich die Babylonier in ihrer Macht und Machbarkeit gleich Tausendschaften von Göttern und Gottheiten leisten. Wahrscheinlich ist einer unter diesen bereits erfolgreich genug, den alten gebrechlichen Jahwe umzuhusten, wie den winzigen Tempel zu Jerusalem. Israel ist gerade damit beschäftigt, sich von diesem Gott, der längst ausgedient hat weil er so schwach ist auf der Brust, innerlich zu verabschieden. Der äußerliche Abschied war ja bereits durch die Deportation geschehen. Israel fühlt sich selbst schwach auf der Brust. Getrennt von zu Hause, getrennt von einem lebensschwachen Gott, will Israel nun endgültig aufgeben, was nicht mehr zu retten ist. Der Vergleich des alten Gottes Jahwe mit den neuen glanzvollen goldenen gestirnten Gottheiten Babylons spricht seine eigene Sprache, trifft seine eigenen Aussagen. Gott hat ausgedient. Leb wohl, Adieu, Aufwiedersehen. All ihr Träume, lebt wohl. All ihr Hoffnungen auf Gerechtigkeit, ade. Du guter Gott, Aufwiedersehen. Wer sollte in diese trübe Abschiedsstimmung hinein noch ein Wort verlieren können?

Das Überraschende ist, wir wissen es bereits aus dem Predigttext, das Wort kommt – trotz alledem – tatsächlich. Es kommt von Gott selbst, vom Heiligen! „Mit wem wollt ihr mich also vergleichen, dem ich gleich sei?" spricht der Heilige. Gott selbst spricht sein Wort in die verzweifelte Situation hinein. Er selbst weiß um die abgründigen Gedanken. Um die Irrfahrten. Er kennt den Weg Jakobs. Er ist ihn selbst mitgegangen. Er erinnert sich an das Recht Israels. Nichts geht an ihm vorüber. Nicht einmal die Gott beleidigend(st)en Gedanken Jakobs ignoriert er. Er erahnt und kennt die Müdigkeit und Resignation Israels. Er weiß um das geschwundene Vertrauen Jakobs. Er kennt den latent-fiktiven Gottesvergleich Israels. Und trotz der Unvergleichlichkeit Gottes, besser gesagt aber, wegen der Unvergleichlichkeit Gottes, stellt Gott selbst den Vergleich an. Hebet eure Augen in die Höhe und seht! Wer hat dies geschaffen? Er selbst fordert Israel und Jakob - und uns mit ihnen – auf, in die Höhe, in den Himmel zu sehen. Und – hier geschieht die eigentliche Kampfansage gegen die babylonische Vielgötterei – er stellt den Himmel als Schöpfung dar! Der Himmel, mit allen Planeten, allen Himmelskörpern, Sonnen, Sternen, Monden, welche die Babylonier als Gottheiten verehrten, anbeteten und fürchteten, ist keine anzubetende Gottheit, sondern Gottes gute Schöpfung! Über die Gestirne heißt es genauer: Er führt ihr Heer vollzählig heraus und ruft sie alle mit Namen; seine Macht und starke Kraft ist so groß, dass nicht eins von ihnen fehlt. Gott kennt jeden einzelnen Stern mit Namen. Wenn er aber sogar jeden Stern einzeln kennt und ins Leben zu rufen vermag, - sollte er dann nicht auch in der Lage sein, den Weg Jakobs zu kennen? Wenn er in der Lage ist, das Heer der Stern vollständig heraus zu führen, ohne dass auch nur eines des Nachts fehlt, wenn die Sterne am Himmel erscheinen, - sollte er dann nicht auch mächtig genug sein, das Recht Israels zu kennen und zur Geltung zu bringen?

Israel und Jakob soll die Angst und die Ehrfurcht vor den Gestirnsgottheiten Babylons genommen werden. Damit sollen Jakob und Israel auch die falsche Ehrfurcht und Angst vor Babylon selbst und den Babyloniern verlieren. Israel und Jakob sollen aus ihrer lähmenden Resigniertheit befreit werden. Gott selbst möchte das tun. Ohne irritierende Weltanschauungen und Götterlehren sollen Jakob und Israel wieder fähig werden, den Kopf zu heben, und mit geschärftem Blick in die Welt zu sehen. Israel soll wieder aufstehen aus dem Staub und bewegungs- und handlungsfähig werden. Jakob soll wieder seine ihm eigene Kampfeslust und –Kraft entdecken und des Segens Gottes eingedenk sein, der ihm verheißen bleibt. Israel und Jakob sollen trotz und gerade in ihrer Gefangenschaft wissen, dass Gott bei ihnen ist, sie nicht vergessen hat und in der Lage ist, ihnen wieder auf die Sprünge zu helfen. Gott ist nicht ein Zurückgebliebener. Gott ist nicht abhängig von der Existenz eines Tempels in der Heimat. Gott ist mit Israel und Jakob, und so auch mit uns, unterwegs. Den ganzen langen Weg von der Heimat in die Gefangenschaft und wieder hinaus. Gott ist der, der mitgeht, mitkommt, in die Resignation und Verzweiflung hinein und auch aus ihr wieder heraus. Um dieses einem jedem klarzumachen, wird ein jeder einzeln und direkt angesprochen: Weißt du nicht? Hast du nicht gehört? Es klingt ganz schön auffordernd. Fast so, als wolle man einen Ignoranten, Schwerhörigen noch ein letztes Mal zum Zuhören und Hinhören ermuntern. Nun hör schon her! Dann weißt du´s endlich! Ein für alle Male! Merk es Dir! Schreib es Dir hinter die Ohren! Vergiss nicht! Ein letztes Mal nun fasse ich extra für dich zusammen! Hör zu! Der Herr, der ewige Gott, der die Enden der Erde geschaffen hat, wird nicht müde noch matt, sein Verstand ist unausforschlich. Er gibt dem Müden Kraft, und Stärke genug dem Unvermögenden. Männer werden müde und matt, und Jünglinge straucheln und fallen; aber die auf den Herrn harren, kriegen neue Kraft, dass sie auffahren mit Flügeln wie Adler, dass sie laufen und nicht matt werden, dass sie wandeln und nicht müde werden.

Gott ist der Schöpfer aller Dinge. Gott ist der, der die Enden der Erde geschaffen hat. Gott ist der, der aus dem Nichts heraus etwas schaffen kann. Gott ist der, der aus dem Tod ins Leben ruft! Gott ist der, der von den Toten auferstehen lässt! Gott ist der, dem du vertrauen kannst! Wenn du müde bist, wird er dir Kraft geben. Wenn du dich unvermögend fühlst, gibt er dir genug Stärke zum Vermögen. Mit Gott vermagst du alles! Nicht aus eigener Kraft. Die eigene Kraft schwindet. Wenn du dich zu sehr auf dich selbst verlässt, wirst du straucheln. Wenn du zu sehr mit deiner Jugendlichkeit protzt, wirst du fallen. Wenn du dich ausschließlich auf deine unschlagbare „Mann"- oder „Fraubarkeit" berufst, wirst du irgendwann ausgepowert, müde und matt sein. Gott allein vermag dich auch dann noch zu stärken, wenn du selbst keine Kraft mehr hast. Er kann dir unermüdliche Kräfte verleihen. Darum wiederhole ich zum Schluss noch einmal den alles zusammenfassenden Satz des Gottvertrauens: Die auf den Herrn harren, kriegen neue Kraft, dass sie auffahren mit Flügeln wie Adler, dass sie laufen und nicht matt werden, dass sie wandeln und nicht müde werden.

Amen.

(14) Quasimodogeniti[95]: Johannes 21,1-14: Der Auferstandene am See Tiberias

Gnade sei mit uns und Friede von Gott unserem Vater und dem Herrn Jesus Christus. Amen.

Liebe Gemeinde.

Der heutige Predigttext schließt sich unmittelbar an die Evangelienlesung an, an die Erscheinung des auferstandenen Jesus vor den Jüngern und vor dem zweifelnden Thomas. In unserer Geschichte wird noch ein letztes Mal von einer Offenbarungsgeschichte des Auferstandenen berichtet, die sozusagen

[95] (3.4.2005)

als Anhang dem Evangelium des Johannes angefügt wurde. Ich lese aus dem Evangelium des Johannes, Kapitel 21, die Verse 1 bis 14:

Danach offenbarte sich Jesus abermals den Jüngern am See Tiberias. Er offenbarte sich aber so: Es waren beieinander Simon Petrus und Thomas, der Zwilling genannt wird, und Nathanael aus Kana in Galiläa und die Söhne des Zebedäus und zwei andere seiner Jünger. Spricht Simon Petrus zu ihnen: Ich will fischen gehen. Sie sprechen zu ihm: So wollen wir mit dir gehen. Sie gingen hinaus und stiegen in das Boot, und in dieser Nacht fingen sie nichts. Als es aber schon Morgen war, stand Jesus am Ufer, aber die Jünger wussten nicht, dass es Jesus war. Spricht Jesus zu ihnen: Kinder, habt ihr nichts zu essen? Sie antworteten ihm: Nein. Er aber sprach zu ihnen: Werft das Netz aus zur Rechten des Bootes, so werdet ihr finden. Da warfen sie es aus und konnten's nicht mehr ziehen wegen der Menge der Fische. Da spricht der Jünger, den Jesus lieb hatte, zu Petrus: Es ist der Herr! Als Simon Petrus hörte, dass es der Herr war, gürtete er sich das Obergewand um, denn er war nackt, und warf sich ins Wasser. Die andern Jünger aber kamen mit dem Boot, denn sie waren nicht fern vom Land, nur etwa zweihundert Ellen, und zogen das Netz mit den Fischen. Als sie nun ans Land stiegen, sahen sie ein Kohlenfeuer und Fische darauf und Brot. Spricht Jesus zu ihnen: Bringt von den Fischen, die ihr jetzt gefangen habt! Simon Petrus stieg hinein und zog das Netz an Land, voll großer Fische, hundertdreiundfünfzig. Und obwohl es so viele waren, zerriss doch das Netz nicht. Spricht Jesus zu ihnen: Kommt und haltet das Mahl! Niemand aber unter den Jüngern wagte, ihn zu fragen: Wer bist du? Denn sie wussten, dass es der Herr war. Da kommt Jesus und nimmt das Brot und gibt's ihnen, desgleichen auch die Fische. Das ist nun das dritte Mal, dass Jesus den Jüngern offenbart wurde, nachdem er von den Toten auferstanden war.[96]

[96] Lutherbibel, revidierter Text 1984, durchgesehene Ausgabe, © 1999 Deutsche Bibelgesellschaft, Stuttgart.

So, wie den sieben einzelnen Gestalten ergeht es auch uns nach Ostern. Ostern ist vorüber, das Spektakel um die Auferstehung wurde gefeiert, nun ist der Alltag wieder eingekehrt, alles scheint zu sein, wie zuvor, als wäre die Auferstehung nie Wirklichkeit gewesen, nur ein Spuk, der vorüber ist. Petrus, Thomas und die Zebedäussöhne, vier der zwölf Jünger Jesu, Nathanael und zwei weitere Jünger, diese sieben haben sich aus der Hauptstadt zurückgezogen, haben Jerusalem, die Stätte von Jesu Kreuzigung, Grablegung und Auferstehung zurückgelassen und sind wieder in ihre alte Heimat zurückgekehrt. Sie versuchen, wieder Fuß zu fassen in ihrer vertrauten Umgebung, in der Arbeit, in ihren ehemaligen Berufen. Doch dies will ihnen nicht so recht gelingen. Zusammen gehen sie auf Fischfang. Einer macht den Anfang: Petrus rafft sich auf, um es mit dem Fischefangen noch einmal zu versuchen, nach so langer Zeit gemeinsamer Wanderschaft mit Jesus. Die anderen sechs folgen ihm. Doch sie schlagen sich die gesamte Nacht umsonst um die Ohren. Vergeblich verharren sie allein im Boot, die Netze bleiben leer. Eine große Frustration macht sich breit. Soll die Hoffnung in dieser Enttäuschung enden? Lohnt es sich, mit diesem Gefühl des Gescheitertseins weiter draußen auf dem See zu verharren?
Wozu? Diese Frage stellen auch wir uns des öfteren. Wozu noch? Diese Frage greift um sich, wenn alles anders geworden ist, als wir es uns ausgedacht haben: Die plötzliche Diagnose einer unliebsamen,unheilbaren Krankheit, die schockierende Nachricht vom Ableben eines lieben Menschen, das Gewahrwerden eines erschreckenden Unfalls, die Realisation einer Naturkatastrophe. Darin ähneln wir den Jüngern sehr. Auch sie haben einen Schock erlebt: Jesus ist tot. Dieses Erlebnis hat sich ihnen tief eingeprägt. Das Bild von Jesus am Kreuz haben sie fest vor Augen. Der Tod hat zugepackt und hält sie alle gefangen. Zwar ist ihnen der Auferstandene bereits erschienen, doch nicht umsonst wird uns die Geschichte vom zweifelnden Thomas erzählt: das mit der Auferstehung ist nicht zu begreifen, es ist außerhalb unse-

res Fassungsvermögens. Das einzige, was sie spüren können, ist große Trauer, Bitterkeit, Enttäuschung. Sie sind allein, hilflos, ohnmächtig. Sie erleben eine Depression. Und nicht einmal das einfachste auf der Welt, ihre eingefleischte Arbeit, will ihnen gelingen. Wozu also noch das Ganze? Nichts scheint mehr einen Sinn zu ergeben.

Mitten in diese resignative Stimmung hinein ereignet sich ein Geschehen. Scheinbar unscheinbar. In der Morgendämmerung. Allmählich weicht die Nacht. Schon einmal fühlten sich die Jünger mitten in der Nacht auf dem See in einem Boot von Jesus allein gelassen, im Stich gelassen, als ein Sturm aufkam und ihnen Angst einjagte. Ob sie diese einsame Nacht auf dem Boot wohl wieder daran erinnert hat? Sie sind nicht allein. Jesus ist bei ihnen. Doch sie haben ihn noch nicht wahrgenommen. Diese Situation kann uns einiges verdeutlichen: Für die Jünger ist es noch Nacht, doch in Wirklichkeit bricht bereits der Morgen an. Die Jünger sind noch mitten auf dem See, Wind und Wetter ausgeliefert, doch am Ufer wartet bereits jemand, etwas Neues auf sie. Die Jünger wissen noch von nichts, doch sie werden bereits liebevoll erwartet. Jesus verkörpert somit einen wahrhaftigen Übergang in unserer Geschichte: von der Nacht zum Morgen, vom See zum Ufer, vom Ausgeliefertsein zum Wieder-Boden-unter-die-Füße-bekommen, vom Dunkel zum Licht, vom Nichtwissen zum Erkennen. Und mitten in ihre Noch-Unwissenheit hinein spricht Jesus zu ihnen. Liebevoll spricht er sie an und nennt sie „Kinder". Er sieht ihre Trostlosigkeit, er erkennt ihren Hunger, ihre Sehnsucht. „Habt ihr nichts zu essen?". In ihre Wortlosigkeit spricht er die Worte, die genau das ausdrücken, was sie alle betrifft: Sie sind wie Kinder, die nichts zu essen haben, die ein Bedürfnis haben, das nicht gestillt wird. Nein, sie haben nichts zu essen, sie hungern. Und Jesus verhilft ihnen, zur Stillung dieses Hungers zu gelangen. Er hilft ihnen, in ihrer ausweglos gescheiterten Situation die Fülle zu finden. Im Vertrauen auf Jesus werfen sie ihr Netz aus und können es wegen der Menge der Fische nicht mehr einholen. Dieses Wunder der Fülle lässt den Lieblingsjünger – Johannes – Jesus als den Herrn erken-

nen. Die Geschichte ist voll mit Anspielungen auf bekannte Jesus-Geschichten: die Geschichte von der Stillung des Sturmes erwähnte ich ja bereits. Ebenso werden wir an die Berufungsgeschichte des Petrus bzw. der ersten Jünger erinnert, die nach vergeblichem Fischfang auf Jesu Geheiß erneut die Netze auswerfen und das gefüllte Netz nur mit Mühe einholen können. Und ebenso erinnert mich die Szene, in der Petrus sich ins Wasser wirft, an seinen Versuch, es Jesus gleich zu tun und über´s Wasser zu wandeln, der jedoch aufgrund seines Zweifelns scheitern musste. Und sie alle denken wahrscheinlich ebenfalls an die Abendmahlszene, wenn Jesus seine Jünger auffordert, das Mahl zu halten. Doch dieses Mahl ist kein Abendmahl, sondern ein Morgenmahl, ein Frühstück sozusagen. Es werden auch nicht feierlich Wein und Brot am reichlich gedeckten Tisch gereicht, sondern Fisch und Brot auf einem Kohlenfeuer gebraten.
Dennoch: Jesus stärkt seine Jünger. Er spricht sie an, er redet ihnen zu, er macht ihnen Mut und weckt erneut ihr Vertrauen. Erneut stiftet er Gemeinschaft und teilt seinen Jüngern das Mahl aus. Er hat sich ihnen, die sie so mutlos waren, zu erkennen gegeben. Zuerst hat niemand ihn erkannt, dann traute sich sein Lieblingsjünger, ihn zu erkennen, anschließend warf Petrus sich ihm vertrauensvoll hin und näherte sich ihm und endlich wussten sie alle, „dass es der Herr war“. In dem schlichten Dialog zeigt sich der Reichtum einer hoffnungsvollen Geschichte: „Ich will fischen“, sagt Petrus. „So wollen wir mit dir gehen“, sprechen die Jünger. „Kinder, habt ihr nichts zu essen?“, spricht Jesus. „Nein“, antworten sie ihm. „Werft das Netz aus zur Rechten des Bootes, so werdet ihr finden“, spricht Jesus. „Es ist der Herr“, spricht Johannes zu Petrus. „Bringt von den Fischen, die ihr jetzt gefangen habt“, spricht Jesus, „Kommt und haltet das Mahl!“ Niemand wagte sich zu fragen: „Wer bist du?“ Jesus hat einen Neuanfang gestiftet: er hat das Feuer bereitet, Fische und Brot liegen bereits darauf. Doch die Jünger können nun selbst etwas zum Morgenmahl beitragen. Ähnlich, wie bei der Speisung der Fünftausend, können alle satt werden. Jesus teilt ihnen Brot und Fische aus. Es gibt

keinen Anlass mehr für Trübsinn und Frustration. Zuerst will Simon Petrus allein fischen gehen, alle Jünger gehen „hinaus“ und fangen nichts. Zum Schluss wirft sich Simon Petrus ins Wasser, steigt „hinein“ und zieht das Netz ans Land mit einhundertdreiundfünfzig großen Fischen. Eine Wundergeschichte von einem, der auszog, Fische zu fangen. Vielleicht müssen auch wir uns einmal „ins Wasser werfen“, voller Vertrauen darauf, dass der Herr am Ufer auf uns wartet. Wenn wir uns fühlen, als säßen wir des Nachts ohne Aussicht hungrig in einem Boot, dürfen auch wir voller Hoffnung sein, dass der Morgen bereits anbricht und die Morgendämmerung uns erkennen lässt, dass wir nicht mehr fern sind vom Land, wo wir mit einem stärkenden Frühstück empfangen werden. So lasst uns nun gemeinsam das morgendliche Abendmahl halten.

Und der Friede Gottes, der höher ist als all unsere menschliche Vernunft bewahre unsere Herzen und Sinne in Christus Jesus. Amen.

(15) Miserikordias Domini[97]: Johannes 21,15-19: Das Wort des Auferstandenen an Petrus

Gnade sei mit uns und Friede von Gott unserem Vater und dem Herrn Jesus Christus. Amen.

Liebe Gemeinde.

Miserikordias Domini. Was heißt das eigentlich? Auch ich hab noch einmal nachgeschlagen, woher dieser Name des heutigen Sonntags stammt. Er rührt aus der lateinischen Variante des Psalmes 89 (Vers 2a), in der es – ins Deutsche übertragen heißt:

[97] (22.4.2007)

Ich will singen von der Gnade des HERRN ewiglich [...].[98]

Und Miserikordias Domini bedeutet wörtlich: „Barmherzigkeit des Herrn!“ Was meint das nun: die „Barm-Herzigkeit des Herrn“? Es geht darum, dass Gott, unser „Herr“, sich als ein solcher erweist, der „Herz hat“! Und dieses, das Herz Gottes ist voll des Erbarmens! Gesungen haben wir das „Herr, erbarme dich“. Unser Gebet haben wir erhoben zu unserem barmherzigen Gott. Bekannt ist uns allen der barmherzige Samariter. Doch geht uns das Wort der „Barm-Herzigkeit“ nicht allzu oft so über die Lippen, dass wir kaum noch zu spüren vermögen, wie sich dieses „herzliche Erbarmen“ anfühlen könnte? Einer bekam dieses Erbarmen zu spüren, berührt in seiner tiefsten Erbärmlichkeit. Die Rede ist von Simon Petrus. Ich lese aus Johannes 21 (die Verse 15 bis 19):

Als sie nun das Mahl gehalten hatten, spricht Jesus zu Simon Petrus: Simon, Sohn des Johannes, hast du mich lieber, als mich diese haben? Er spricht zu ihm: Ja, Herr, du weißt, dass ich dich lieb habe. Spricht Jesus zu ihm: Weide meine Lämmer! Spricht er zum zweiten Mal zu ihm: Simon, Sohn des Johannes, hast du mich lieb? Er spricht zu ihm: Ja, Herr, du weißt, dass ich dich lieb habe. Spricht Jesus zu ihm: Weide meine Schafe! Spricht er zum dritten Mal zu ihm: Simon, Sohn des Johannes, hast du mich lieb? Petrus wurde traurig, weil er zum dritten Mal zu ihm sagte: Hast du mich lieb?, und sprach zu ihm: Herr, du weißt alle Dinge, du weißt, dass ich dich lieb habe. Spricht Jesus zu ihm: Weide meine Schafe! Wahrlich, wahrlich, ich sage dir: Als du jünger warst, gürtetest du dich selbst und gingst, wo du hin wolltest; wenn du aber alt wirst, wirst du deine Hände ausstrecken und ein anderer wird dich gürten und führen, wo du nicht hin willst. Das sagte er aber, um anzuzeigen,

[98] Lutherbibel, revidierter Text 1984, durchgesehene Ausgabe, © 1999 Deutsche Bibelgesellschaft, Stuttgart.

mit welchem Tod er Gott preisen würde. Und als er das gesagt hatte, spricht er zu ihm: Folge mir nach![99]

Petrus wurde traurig, heißt es schlicht und lapidar im Text. Doch wie erbärmlich muss es Petrus wohl zumute gewesen sein? Ihm, der den Schneid hatte, auf die Frage, ob er Jesus lieber habe, als alle anderen ihn liebhaben, mit „Ja"! zu antworten. Ihm, der zu Jesus gesagt hatte (Johannes 13,37b):

Ich will mein Leben für dich lassen.[100]

Er war in seiner Angst nicht einmal im Stande, sich dazu zu bekennen, Jesus überhaupt auch nur gekannt zu haben – geschweige denn, dessen Jünger gewesen zu sein. Dreifach hatte er Jesus verleumdet, nun lässt Jesus ihn ebenfalls gleich dreifach sein Liebesbekenntnis wiederholen. Welche Erbärmlichkeit! Doch Jesus lässt Petrus nicht in der Erbärmlichkeit zurück. Er weist ihn nicht etwa zurecht, indem er ihm eine Moralpredigt hält und beispielsweise rügt: \`Dir soll ich glauben, dass du mich lieber hast als mich alle anderen haben? Du maßt dir an, dies zu behaupten, der du vor anderen behauptet hast, mich nicht einmal zu kennen? Hatte ich nicht Recht, als ich sagte, bevor der Hahn kräht, wirst du mich dreimal verleumdet haben? Und so jemandem soll ich glauben, dass er sein Leben für mich lassen will?´ Jesus weidet sich nicht daran, Petrus zu belehren oder zu erniedrigen. Er lässt Petrus erkennen, dass unter Umständen ein großer Unterschied bestehen kann: zwischen der Nachfolge, die man sich selbst zutraut und der Nachfolge, die man tatsächlich zu leben bereit ist. Petrus hatte sich selbst viel zugetraut, musste dann aber das Scheitern seiner Absicht einsehen. Doch auf

[99] Lutherbibel, revidierter Text 1984, durchgesehene Ausgabe, © 1999 Deutsche Bibelgesellschaft, Stuttgart.
[100] Lutherbibel, revidierter Text 1984, durchgesehene Ausgabe, © 1999 Deutsche Bibelgesellschaft, Stuttgart.

dieses Gefühl der Erbärmlichkeit folgt das Erbarmen Jesu. Bereits vor der Verleumdung hatte Jesus dem Petrus verheißen (Johannes 13,36b):

Wo ich hingehe, kannst du mir diesmal nicht folgen; aber du wirst mir später folgen.[101]

Und nun ist es soweit: Jesus fordert Petrus erneut zur Nachfolge auf: „Folge mir nach!“ Dass diese Nachfolge kein leichter Weg für Petrus werden wird, wird ihm ebenfalls angekündigt: „Als du jünger warst, gürtetest du dich selbst und gingst, wo du hinwolltest; wenn du aber alt wirst, wirst du deine Hände ausstrecken und ein anderer wird dich gürten und führen, wo du nicht hinwillst.“ Petrus muss darauf verzichten, seinem eigenen Kopf und Willen zu folgen, er selbst kann nur dann die Lämmer und Schafe Christi weiden, wenn er sich bedingungslos - und tatsächlich bis in den Tod - auf den Weg der Nachfolge Christi begibt. So wie Jesus von sich sagt (Johannes 10,11):

Ich bin der gute Hirte. Der gute Hirte lässt sein Leben für die Schafe.[102] ,

soll nun Petrus zu einem guten Hirten werden. So, wie Jesus sein Leben hingeben konnte, so ist nun auch Petrus aufgefordert zur Hingabe seines Lebens in der Nachfolge Christi. Inmitten seiner erbärmlichen Traurigkeit wird Petrus also durch die Barmherzigkeit Christi - erneut berufen. Gott hat sich seiner erbarmt. Uns kann dieses Beispiel trösten und ermutigen. Selbst wenn wir erkennen müssen, wie nachlässig wir im Glauben sind, wie unfähig zu mutigem Bekennen oder wie oft uns gar eine Verleumdung über die Lippen geht. Gott will uns nicht in unserer Erbärmlichkeit stecken lassen. Wir können uns auf dem Weg der Nachfolge einem guten Hirten anvertrauen, der nicht

---

[101] Lutherbibel, revidierter Text 1984, durchgesehene Ausgabe, © 1999 Deutsche Bibelgesellschaft, Stuttgart.
[102] Lutherbibel, revidierter Text 1984, durchgesehene Ausgabe, © 1999 Deutsche Bibelgesellschaft, Stuttgart.

nachlässt darin sich aufzumachen, um zu suchen, was verloren war. Wie es bei Hesekiel heißt (Hesekiel 34,11f.):

Denn so spricht Gott der HERR: Siehe, ich will mich meiner Herde selbst annehmen und sie suchen. Wie ein Hirte seine Schafe sucht, wenn sie von seiner Herde verirrt sind, so will ich meine Schafe suchen und will sie erretten von allen Orten, wohin sie zerstreut waren zur Zeit, als es trüb und finster war.[103]

Unser Gott ist des Erbarmens voll!

Und der Friede Gottes, der höher ist als all unsere menschliche Vernunft bewahre unsere Herzen und Sinne in Christus Jesus. Amen.

(16) Jubilate[104]: Johannes 16,16-23a: Jesu Weggang und Wiederkommen

Gnade sei mit uns und Friede von Gott unserem Vater und dem Herrn Jesus Christus. Amen.

Liebe Gemeinde.

Heute feiern wir den Sonntag „Jubilate". Der Name des Sonntags ist lateinisch und bedeutet übersetzt: „Jauchzet! Jubelt! Jubiliert!", wie wir es eben im Psalm-Gebet gemeinsam gesprochen haben. Wer ein „Jubiläum" feiert, freut sich im allgemeinen. Doch wann freuen wir uns? Wann jubeln wir freudig und sind außer uns vor Freude? Nur alle „Jubeljahre" einmal? Manche von Ihnen

[103] Lutherbibel, revidierter Text 1984, durchgesehene Ausgabe, © 1999 Deutsche Bibelgesellschaft, Stuttgart.
[104] (17.4.2005)

freuen sich über das schöne Frühlingswetter, einige darüber, dass wir heute früh hier in der Kirche einmal gemeinsam frühstücken konnten, oder darüber, dass die für heute anberaumte Gemeindeversammlung gemeinsam mit der geplanten Visitation verschoben wird, oder darüber, dass Pfarrer E. in der übernächsten Woche nicht mehr krankgeschrieben ist und somit wieder ansprechbar sein wird. Jeder von Ihnen hat seine eigenen privaten Anlässe zur Freude, manchen gelingt es, ihre Freude mitzuteilen und zu feiern. Doch wann ist uns wirklich zu jubilierender Freude zumute, zur „Herzens-Freude"? Liegt uns nicht allzu oft der Kummer näher als die Freude? Wir kümmern uns und mühen uns ab und vor lauter Kümmern und Mühe kommt die Freude zu kurz. Keine Zeit mehr für Freude und Festlichkeit? Die Bibel stellt uns Freude in Aussicht, die jenseits aller Kümmernisse, allen Kummers liegt. Wahre jubilierende Herzens-Freude. Ich lese aus Johannes 16, die Verse 16 und 20 bis 23a. Jesus spricht zu seinen Jüngern:

Noch eine kleine Weile, dann werdet ihr mich nicht mehr sehen; und abermals eine kleine Weile, dann werdet ihr mich sehen. [...] Wahrlich, wahrlich, ich sage euch: Ihr werdet weinen und klagen, aber die Welt wird sich freuen; ihr werdet traurig sein, doch eure Traurigkeit soll in Freude verwandelt werden. Eine Frau, wenn sie gebiert, so hat sie Schmerzen, denn ihre Stunde ist gekommen. Wenn sie aber das Kind geboren hat, denkt sie nicht mehr an die Angst um der Freude willen, dass ein Mensch zur Welt gekommen ist. Und auch ihr habt nun Traurigkeit; aber ich will euch wiedersehen, und euer Herz soll sich freuen, und eure Freude soll niemand von euch nehmen. An dem Tag werdet ihr mich nichts fragen.[105]

A) Noch / Jetzt / Gegenwart: Wahrlich, wahrlich, ich sage euch: Und auch ihr habt nun Traurigkeit ... : Jesus hält seine Abschiedsrede an die Jünger. Noch

[105] Lutherbibel, revidierter Text 1984, durchgesehene Ausgabe, © 1999 Deutsche Bibelgesellschaft, Stuttgart.

ist er mitten unter ihnen. Noch haben sie ihn bei sich. Noch sind sie nicht allein. Sie können ihn noch sehen.

B) Bis dahin: Noch eine kleine Weile / kurze Zeit (Mikron), dann werdet ihr mich nicht mehr sehen (theoreite); ihr werdet weinen (klausete) und klagen (tränäsete), aber die Welt (Kosmos) wird sich freuen (charäsetai); ihr werdet traurig / bekümmert (lüpätäseste) sein, eine Frau, wenn sie gebiert (tiktä), so hat sie Schmerzen / Kummer (Lüpän), denn ihre Stunde ist gekommen ... : Er kündigt ihnen an, dass sie ihn in Kürze nicht mehr sehen werden. Er sieht ihre Traurigkeit, die Traurigkeit ihrer Herzen. Vielleicht spürt er auch selbst diese Trauer in seinem Herz. Doch er sieht darüber hinaus.

C) Dann / Hoffnung / Zukunft: und abermals eine kleine Weile, dann werdet ihr mich sehen (opseste); eure Traurigkeit / euer Kummer (Lüpä) soll in Freude (eis charan) verwandelt werden (genäsetai)). Wenn sie aber das Kind geboren hat (gennäsä), denkt / gedenkt (mnämoneuei) sie nicht mehr an die Angst / Bedrängnis (tlipseos) um der Freude willen, dass ein Mensch (antropos) zur Welt gekommen / geboren (egennätä) ist. Ich will euch wiedersehen (opsomai), und euer Herz (kardia) soll sich freuen (charäsetai), und eure Freude soll niemand von euch nehmen (airei). An dem Tag werdet ihr mich nichts fragen (erotäsete) ... : Freude ist nicht mach-bar. Freude ist nicht planbar. Freude ereignet sich. Wie steht es um eine Welt, in der Feiertage gekürzt und gestrichen werden, um durch noch Arbeit für weniger Leute zwar vermeintlich das Wirtschaftswachstum anzukurbeln, jedoch die Freude außer Landes zu treiben, da die Leistungsgesellschaft ihren selbstgemachten „Freudentaumel“ in der Freizeit konsumieren muss. Echte Freude ist nicht käuflich, auch nicht in sogenannten „Freuden-Häusern“. Für jeden von uns, die wir unsere Freude vor Augen haben wollen / sehen wollen, ein Kompliziertes und Unerreichbares. „Euer Herz soll sich freuen!“ Was für eine Verheißung! Für jedes Kind, das sich herzlich freuen kann, ein Einfaches! Uns daran ein Vorbild nehmend können wir uns auf ein Neues auf jene Freude einlassen. Freude will gespürt, ausgelebt und erfahren werden. Darum soll sich euer Herz freuen und unsere Freude niemand mehr von euch nehmen.

Und der Friede Gottes, der höher ist als all unsere menschliche Vernunft bewahre unsere Herzen und Sinne in Christus Jesus. Amen.

(17) Kantate[106]: Matthäus 21,14-17: Jesus heilt im Tempel

Gnade sei mit uns und Friede von Gott unserem Vater und dem Herrn Jesus Christus. Amen.

Liebe Gemeinde!

Heute ist Sonntag Kantate. Singet! Singet dem Herrn ein neues Lied, denn er tut Wunder! Mit unserem Gesang können wir unseren Gefühlen oft viel besser Ausdruck verleihen, als wir es mit Worten allein vermögen: „mehr als Worte sagt ein Lied." Echter Gesang kommt aus dem Herzen! Wenn wir singen, rühren wir unser Herz an und lösen damit Gefühle aus. Gefühle, die sich vielleicht allzu lange darin versteckt hielten. Nur ein Beispiel: In meiner Jugend habe ich im Posaunenchor meiner Heimatgemeinde mitgespielt. Gemeinsam mit meinem Vater habe ich zu Hause musiziert. Seitdem mein Vater gestorben ist, habe ich kaum noch mein Instrument in die Hand genommen. Gestern erst habe ich es seit langer Zeit noch einmal aus dem Koffer geholt: meine Trompete. Allein beim Reinigen und Ölen kamen mir alte Erinnerungen hoch, der Geruch der Ventile ließ mich wieder an meinen Vater denken, der sehr oft Samstags seine Instrumente gereinigt hat. Als ich dann einige Melodien spielte, war ich erstaunt, dass L., meine Tochter, einfach versuchte, mit-

[106] (24.4.2005)

zusingen, ohne die Melodie zu kennen. Um singende Kinder geht es auch in unserem heutigen Predigttext. Er steht im Matthäus-Evangelium, Kapitel 21, die Verse 14 bis 17:

Und es gingen zu ihm Blinde und Lahme im Tempel, und er heilte sie. Als aber die Hohenpriester und Schriftgelehrten die Wunder sahen, die er tat, und die Kinder, die im Tempel schrien: Hosianna dem Sohn Davids!, entrüsteten sie sich und sprachen zu ihm: Hörst du auch, was diese sagen? Jesus antwortete ihnen: Ja! Habt ihr nie gelesen (Psalm 8,3): »Aus dem Munde der Unmündigen und Säuglinge hast du dir Lob bereitet«? Und er ließ sie stehen und ging zur Stadt hinaus nach Betanien und blieb dort über Nacht.[107]

Tja, manchen ist das Singen von Kindern ein Ärgernis. Manchen ist sogar die Freude anderer ein Stein des Anstoßes, sind Gefühlsausbrüche ein Anlass zur Entrüstung. In unserer Geschichte müssen sich die Hohenpriester und Schriftgelehrten diese Rolle zuschreiben lassen. Sie nehmen Anstoß, nicht nur an den Heilungswundern Jesu, sondern insbesondere an den Ausrufen der Kinder. Nicht nur, dass Blinde und Lahme, die ansonsten als Unreine keinen Zutritt zum Tempel haben, überhaupt in den Tempel gelangt sind und dazu noch von Jesus geheilt werden, sogar die Kinder, die ebenfalls nichts im Tempel zu suchen haben, schreien herum, wie es ihnen gerade passt. Die gesamte Tempelordnung ist damit in Unordnung geraten. Die Kinder rufen Jesus zu: „Hosianna dem Sohn Davids!“ Sie greifen damit auf die Hosianna-Rufe bei Jesu Einzug in Jerusalem zurück. Der neue König, der auf einem Esel über Palmzweige in die Stadt eingeritten ist, wird von den Kindern als Sohn Davids, als rechtmäßiger König betitelt und bekannt. Unmündige Kinder, die weder Zutritt zum Tempel haben sollten, geschweige denn Rederecht, schreien sich laut ihr Bekenntnis von der Seele, reißen den Mund, der

---

[107] Lutherbibel, revidierter Text 1984, durchgesehene Ausgabe, © 1999 Deutsche Bibelgesellschaft, Stuttgart.

ihnen verboten werden sollte, so weit auf, dass nicht einmal die Hohenpriester und Schriftgelehrten ihr Geschrei überhören können. Das ist zuviel des Guten! Die Hohenpriester und Schriftgelehrten sind außer sich vor Empörung! Sie fragen Jesus: „Hörst du auch, was diese sagen?" Und Jesus antwortet mit einem einfachen: „Ja." „Ja, ich höre, was sie sagen." Und er verweist sie auf ein Zitat aus der heiligen Schrift, indem er sie fragt: Habt ihr nie gelesen: „Aus dem Munde der Unmündigen und Säuglinge hast du dir Lob bereitet?" Mit dieser Aussage lässt er sie stehen, lässt sie zurück, überlässt sie ihren eigenen Grübeleien und verlässt sie. Er verlässt den Tempel, er verlässt das Geschrei, er verlässt die Stadt und zieht sich zurück nach Betanien, um dort über Nacht zu bleiben. Er hinterlässt den Hohenpriestern und den Schriftgelehrten eine Aussage aus ihrer eigenen Schriftgelehrsamkeit: „Aus dem Munde der Unmündigen und Säuglinge hast du dir Lob bereitet."
Noch deutlicher wird die Konfrontation Jesu mit den Hohenpriestern und Schriftgelehrten im Tempel, wenn wir die beiden Verse vorweg noch hinzunehmen. Sie kennen die Episode unter dem Titel der „Tempelreinigung" (Matthäus 21,12f.):

Und Jesus ging in den Tempel hinein und trieb heraus alle Verkäufer und Käufer im Tempel und stieß die Tische der Geldwechsler um und die Stände der Taubenhändler und sprach zu ihnen: Es steht geschrieben (Jesaja 56,7): „Mein Haus soll ein Bethaus heißen"; ihr aber macht eine Räuberhöhle daraus.[108]

Jesus stürzt Tische und Sitze um. Tische und Stühle als Symbole der Trennung zwischen Arm und Reich: Die Reichen sitzen auf ihren Stühlen zu Tisch und die Armen kriegen bestenfalls das, was als Brosamen vom Tisch der Reichen fällt und auf dem Fußboden landet. Damit hebt Jesus die Trennung

---

[108] Lutherbibel, revidierter Text 1984, durchgesehene Ausgabe, © 1999 Deutsche Bibelgesellschaft, Stuttgart.

zwischen Arm und Reich auf: alles liegt für alle erreichbar auf dem Boden. Jesus hat alles umgeworfen – „katestrepsen“, wie es im Griechischen heißt – und damit die gesamte bisherige Ordnung in eine „Katastrophe“ gestürzt. Wie wir an den beteiligten Personengruppen erkennen können, erfolgt auch hier ein Umsturz, eine Katastrophe: Statt der Verkäufer und Käufer, die aus dem Tempel herausgetrieben werden, und der Geldwechsler und Taubenhändler, deren Tische und Stände umgestoßen werden, gehen Blinde und Lahme in den Tempel hinein und werden von Jesus geheilt. Statt des Verkaufens und Kaufens, Geldwechselns und Handelns wird aus dem Tempel ein Ort der Heilung. Aus der Räuberhöhle, der „Spelunke“ wird wieder ein Bethaus, das Haus Gottes. Statt der Hohenpriester und Schriftgelehrten, die sich über diesen „katastrophalen“ Heils-Zustand entrüsten, sind es die Kinder, die Jesus „Hosianna“ zurufen, sind es Unmündige und Säuglinge, die Gott ein Lob bereiten. Eins haben Unmündige und Säuglinge gemeinsam: sie äußern unmittelbar, was ihnen einfällt. Wie es in dem Sprichwort lautet: „Kindermund tut Wahrheit kund.“ So musste im Märchen von „des Kaisers neuen Kleidern“ erst ein kleines Mädchen kommen, um den Zauber der neuen Kleider zu beenden, indem es einfach aussprach, was sich kein Erwachsener auszusprechen getraute: „aber der ist ja nackt!“ Mir fiel die Strophe aus einem Lied von Herbert Grönemeyer ein. Sie lautet: „Gebt den Kindern das Kommando. Sie berechnen nicht, was sie tun. Die Welt gehört in Kinderhände, dem Trübsinn ein Ende. Wir werden in Grund und Boden gelacht. Kinder an die Macht.“ Vielleicht sollten wir auch ab und zu genauer hinhören, was Kinder uns zu sagen haben. Vielleicht können wir, die wir an unserer Ordnung allzu fest halten, von Kindern und Unmündigen einiges wieder neu erlernen: die Unmittelbarkeit der Gefühlsäußerungen, die Aufrichtigkeit, aus unseren Herzen „keine Mördergruben“, keine Räuberhöhlen und Spelunken zu machen, den Mut zu freiem Bekenntnis ohne Hintergedanken, das Staunenkönnen über ein Wunder, die Fähigkeit zu Lob, Freude und Gesang. Kantate! Singet dem Herrn ein neues Lied, denn er tut Wunder!

Und der Friede Gottes, der höher ist als all unsere menschliche Vernunft bewahre unsere Herzen und Sinne in Christus Jesus. Amen.

Printed by Books on Demand GmbH, Norderstedt / Germany